OS REBELDES
Geração Beat e anarquismo místico

CLAUDIO WILLER

OS REBELDES
Geração Beat e anarquismo místico

L&PM 40 ANOS

Texto de acordo com a nova ortografia.

Capa: Ivan Pinheiro Machado. *Foto*: (da esquerda para a direita, de pé) Jack Kerouac, Allen Ginsberg e Peter Orlovsky; (na frente) Gregory Corso e Lafcadio Orlovsky em 1956, na Cidade do México ©Rue des Archives/RDA
Preparação: Marianne Scholze
Revisão: Lia Cremonese

CIP-Brasil. Catalogação na fonte
Sindicato Nacional dos Editores de livros, RJ

W684r

Willer, Claudio, 1940-
 Os rebeldes: Geração Beat e anarquismo místico / Claudio Willer. – 1. ed. – Porto Alegre, RS: L&PM, 2014.
 200 p. ; 21 cm.

 ISBN 978-85-254-3091-5

 1. Geração Beat. 2. Contracultura. I. Título.

14-08249 CDD: 306.1
  CDU: 316.754

© Claudio Willer, 2013

Todos os direitos desta edição reservados a L&PM Editores
Rua Comendador Coruja, 314, loja 9 – Floresta – 90220-180
Porto Alegre – RS – Brasil / Fone: 51.3225.5777

Pedidos & Depto. comercial: vendas@lpm.com.br
Fale conosco: info@lpm.com.br
www.lpm.com.br

Impresso no Brasil
Outono de 2014

Sumário

Nota introdutória 7

1. O anarquismo místico 11

2. As religiões beat 21

3. Uma elite lúmpen 49

4. Marginalidade e memória 61

5. As viagens e o tempo 75

6. Os outros 89

7. As vozes dos outros 106

8. Iluminações, revelações e provações 128

9. Santidade e pecado; ascese e licenciosidade 141

10. Política e misticismo: milenarismo e o novo mito beat 162

Bibliografia 191

Sobre o autor 199

Nota introdutória

Este ensaio foi preparado durante meu pós-doutorado em Letras sobre o tema "Religiões estranhas, misticismo e poesia", como bolsista da FAPESP, no Departamento de Teoria Literária e Literatura Comparada da Faculdade de Filosofia, Ciências e Letras da USP. Entregue em novembro de 2011, teve revisões e recebeu acréscimos em 2012.

Coincidindo com o início do meu pós-doutorado, havia relido *Visões de Cody*, de Jack Kerouac, que acabara de sair na edição brasileira. E descobri *The Search of the Millennium*, de Norman Cohn, sobre rebeliões religiosas medievais. A leitura quase simultânea contribuiu para que eu enxergasse bastante anarquismo místico em Kerouac e outros integrantes da Geração Beat. A citação de *Visões de Cody* que inicia o presente ensaio, "Tudo me pertence porque eu sou pobre", serviu como ponte entre o registro alucinado do beat e o levantamento de episódios medievais pelo historiador. Dentre esses, especialmente a heresia do Espírito Livre. Por isso, a frase tornou-se um mote, repetido em artigos sobre Kerouac e a Geração Beat escritos desde então, devidamente consignados na bibliografia.[1] Aqui, a versão mais extensa do que vinha tentando transmitir.

Estava familiarizado com a Geração Beat havia décadas. Além de traduzir Ginsberg, produzir artigos a respeito, dar palestras e cursos, já havia encaminhado ao editor meu *Geração Beat*, publicado em 2009. Mas o novo empreendimento intelectual me levou a ler ou reler toda ou quase toda a obra de Kerouac.

---

1. São os artigos na coletânea *Letras em revista*, de 2009, nas revistas *Cult* e *Reserva Cultural* e no jornal *O Estado de S.Paulo*, todos de 2010.

A maior parte deste ensaio trata dele. Isso se justifica pelo papel central que desempenhou na formação e difusão do movimento; por interpretações de sua obra poderem ser projetadas em outros beats; e, principalmente, por Kerouac ser substancioso. Em face de restrições que ainda persistem, procuro destacar seu valor. Também examino outros beats: Ginsberg – focalizando afinidades e relações de oposição simétrica com Kerouac –, Corso, McClure, Di Prima, Snyder, Ferlinghetti, Burroughs.

Reclamar de dificuldades de acesso à bibliografia deve ser um chavão nesta modalidade de pesquisa. Norman Cohn observava, na década de 1960, que a heresia do Espírito Livre era pouco estudada em comparação com outras rebeliões e dissidências religiosas, a exemplo daquela dos cátaros da Provença. Aparentemente, a situação continua a mesma: a consulta a coleções recentes de ensaios sobre a Idade Média[2] ou a enciclopédias sobre religião[3] mostrou que não há quase nada a respeito, embora se encontrem substanciosos ensaios sobre os cátaros. De um modo geral, antinomismos e combinações de misticismo e transgressão, especialmente licenciosidade, continuam um assunto à margem – à exceção de estudos sobre misticismo judaico, graças ao impulso que receberam de Gershom Scholem. Isso também acontece com o gnosticismo de Prisciliano, na Península Ibérica. Sua caracterização como seita licenciosa pode ser encontrada em um filme extraordinário: *Via láctea*, de Luis Buñuel. Mas livros que o examinam como tal são inencontráveis.

Completar a bibliografia sobre a Geração Beat é mais fácil. Kerouac e Ginsberg foram integralmente editados – no caso de Kerouac, com a publicação, a partir de 2000, de textos antes dados como perdidos, do manuscrito original de *On the Road*, passando

---

2. Por exemplo, os sete enormes volumes de *The New Cambridge of Medieval History*, de 2005, organizado por Paul Fouracre (Cambridge University Press).
3. Como a monumental *The Encyclopaedia of Religion*, com seus dezesseis volumes, coordenada por Mircea Eliade, de 1987.

por *E os hipopótamos foram cozidos em seus tanques*, sua parceria com Burroughs, até o recente *O mar é meu irmão*.[4] Mas um poeta da qualidade de Philip Lamantia quase desapareceu do mercado.[5] Tipos especialmente originais como Bob Kaufman têm difusão restrita. De Gregory Corso, há edições. Mas algumas citações do autor de *Bomb* são afetadas por um desses fenômenos do mercado editorial: tenho os originais de uma excelente seleção preparada pelo poeta Márcio Simões; seria lançada por uma editora que, contudo, desistiu. Enquanto não se resolverem as negociações de edição, permanecerão neste ensaio citações de Corso e Simões órfãs, editorialmente falando.

Examinar religiosidade e misticismo no âmbito da Geração Beat não é novidade. John Tytell, em seu pioneiro ensaio de 1976 sobre Ginsberg, Kerouac e Burroughs, *Naked Angels*, já os havia associado ao gnosticismo. Semelhante associação reaparece em obras que tratam especificamente da doutrina gnóstica, a exemplo do posfácio de Richard Smith para *The Nag Hammadi Library in English*, a reunião de escritos gnósticos preparada por James M. Robinson. Li ensaios mais recentes sobre esse tema, o da religiosidade entre os beats. Um deles é *Gregory Corso: Doubting Thomist*, de Kirby Olson; tratando, portanto, especificamente daquele poeta – mas com aportes valiosos ao tema geral, a Geração Beat, inclusive em tópicos de crítica literária, e não só de teologia. Outro é *The Bop Apocalypse: The Religious Visions of Kerouac, Ginsberg and Burroughs*, de John Lardas. Propositadamente, fiz com que a encomenda do livro chegasse quando meu texto já estava quase finalizado. Lardas adota um enfoque spengleriano. Já havia,

---

4. Em citações usou-se a edição inglesa (2011). (N.E.)
5. Afinal, Lamantia foi ou não foi beat? Ele dizia que não. Está fora de registros importantes. Mas está presente em outros; e a ligação real, tal como documentada por Kerouac em *Anjos da desolação*, autoriza-me a incluí-lo; mais ainda porque sua poética e sua devoção religiosa, tal como comentadas aqui, são um caso particular de traços e qualidades partilhadas pela beat como movimento.

então, relido *A decadência do Ocidente* e observado divergências entre a cosmovisão de Kerouac, spengleriano declarado, e aquela do historiador alemão; em particular, no modo de avaliar felás, camponeses pobres, e na discussão da "segunda religiosidade". Onde Lardas e outros enxergaram Spengler, encontrei Platão, ou categorias platônicas. Especialmente, após uma releitura do *Fedro*, o valor conferido à tradição e ao arcaico; a correlata valorização da transmissão oral; a identificação do conhecimento à anamnese; o retorno ao mito.

Normalmente, estudos literários adotam um quadro de referências, um paradigma. No ensaio de Lardas, o paradigma é Spengler; no de Olson, o tomismo. Meu principal paradigma, penso, é o que já escrevi sobre a Geração Beat, especialmente o livro homônimo de 2009; e sobre misticismo transgressivo e religiões estranhas na poesia, em minha tese de doutorado e sua edição em livro, *Um obscuro encanto: gnose, gnosticismo e a poesia moderna*, de 2010. Indiquei com a partícula *cf.* os trechos em que me repito ou retomo o que já havia publicado.

Os agradecimentos a quem contribuiu para a realização deste trabalho começam pela professora Viviana Bosi, minha supervisora de pós-doutorado; por um anônimo e generoso parecerista da FAPESP; pelo professor Edu Teruki Otsuka, da USP, autor de um parecer mais que elogioso. Abrangem meus fornecedores de bibliografia beat: além daqueles consignados no prefácio da minha tradução de Ginsberg (sempre reiterando que a contribuição de Roberto Piva, leitor voraz, foi inigualável) e de *Um obscuro encanto: gnose, gnosticismo e a poesia moderna*, devo mencionar Romulo Pizzi, Mauro Jorge Santos, Assis de Mello, Márcio Simões, Carlos Figueiredo, André Telles do Rosário e Henrik Aeshna.

Ao lançar *Geração Beat*, em 2009, afirmei em entrevistas que o livro era uma continuação, uma nova etapa do que vinha escrevendo. Direi o mesmo se me perguntarem sobre este *Os rebeldes*. Pretendo prosseguir. Assunto não faltará.

1
O ANARQUISMO MÍSTICO

"Tudo me pertence, porque eu sou pobre."
A declaração de Jack Kerouac, repetida em *Visões de Cody* (Kerouac, 2009, p. 49 e 112), sua obra mais complexa e de maior fôlego, serviria como epígrafe de toda a sua vida e obra. E da própria Geração Beat, o movimento literário do qual foi, mais que um expoente, o avatar.

É a profissão de fé de um *outsider*. A crítica, de modo sintético, à prosperidade norte-americana. E a expressão de um místico.

De imediato, a frase pode ser associada ao budismo, com seu elogio à despossessão e à simplicidade, caminhos para a superação da contingência e da necessidade. E também ao gosto de budistas e místicos em geral por oximoros e paradoxos, figuras exemplificadas pela frase citada. Isso, lembrando que Kerouac se apegaria de modo mais sistemático ao budismo a partir de 1953 (*Visões de Cody* foi escrito em 1952, como extensão de *On the Road*[6], sua narrativa de maior repercussão).

Em obras especificamente budistas, a exemplo de *The Scripture of the Golden Eternity* – uma série de prosas poéticas que lembram *O guardador de rebanhos*, de Pessoa, e, mais remotamente, trechos do T. S. Eliot de *Quatro quartetos* –, Kerouac também se expressaria por meio de paradoxos: "Este é o conhecimento que

---

[6]. O título da edição brasileira de 1984 dessa narrativa de Kerouac, pela Brasiliense, era *Pé na estrada*. A L&PM, ao relançá-la em edição de bolso em 2004, rebatizou-a de *On the Road – Pé na estrada*, possibilitando designá-la simplesmente por *On the Road*.

vê a eternidade dourada em todas as coisas, que é nós, você, eu, e que não é mais nós, você, eu". Ou então: "Esta lei da verdade não tem mais realidade do que o mundo"[7] (Kerouac, 1994, p. 25).

A frase de Kerouac expõe não apenas um estilo de vida e uma condição econômica do narrador-protagonista e do autor – que se confundem, nele e em outros beats[8] –, mas também sincronia com místicas da transgressão. Poderia ter servido como lema de movimentos medievais, a exemplo da heresia do Espírito Livre. Foram as manifestações do que Norman Cohn, em *The Pursuit of the Millennium* (Cohn, 1981), caracteriza como "anarquismo místico". Para seus adeptos, que se denominavam "espirituais" ou "sutis em espírito", a abolição da propriedade privada e de qualquer espécie de bens pessoais era condição prévia para o acesso ao Espírito Santo e o consequente reingresso no Paraíso na Terra. Corresponderia à reconquista do estado adâmico, revertendo a Queda e eliminando o pecado. Consequentemente, abrindo as portas para o exercício pleno da liberdade, incluindo o amor livre e a licenciosidade: "A pobreza, propriamente observada, abolia todo pecado; daí seguia-se que os pobres podiam, por exemplo, fornicar sem pecado" (Cohn, p. 158).

Abolir a propriedade privada e desprezar a posse de bens, insurgir-se contra as classes dominantes, romper com a religião institucional, praticar a liberdade sexual: observar tais traços em comum de adeptos do Espírito Livre e os beats e contracultura não equivale a desprezar as enormes diferenças entre tais movimentos, personagens e, principalmente, seus contextos? Cabe esclarecer o sentido de comparações entre escritores do século XX, cultos, com uma formação universitária, e rebeliões populares (embora tivessem intelectuais entre seus iniciadores, como o estudioso parisiense Amaury ou Amalric de Bène) entre

---

7. Nas citações de obras não publicadas no Brasil ou em língua portuguesa, a tradução sempre é minha.
8. Adoto a designação como beats, preferível àquela como *beatniks*, termo cunhado em 1958 com intenção depreciativa.

os séculos XIII e XV d.C. (e até mesmo XVI e XVII, incluindo-se, como o faz Cohn, anabatistas e "ranters"). Mais ainda, ao se considerar a diversidade dos movimentos medievais, com diferenças profundas entre begardos e beguinas, os engajados na "Cruzada dos Pobres", irmãos do Espírito Livre, flagelantes, taboritas, nacionalistas da Renânia etc.

No entanto, o próprio Cohn parece recomendar essa modalidade de comparação. No prefácio à edição de 1970, comenta polêmicas provocadas "pela sugestão de que a história contada neste livro possa ter alguma relevância para as sublevações de nosso próprio século". Adiante, foi mais incisivo: "Sob certos aspectos foram verdadeiras precursoras de alguns dos grandes movimentos revolucionários do presente século" (idem, p. 17). Talvez, enquanto escrevia isso, passassem sob sua janela ou fossem exibidos na TV manifestantes de 1968/1969, participantes da contracultura e das rebeliões juvenis do período, em parte inspirados nos beats – e até mesmo, conforme a manifestação, liderados por Ginsberg e outros integrantes do movimento.

Em apoio à presente abordagem, já no campo da literatura comparada e não mais no dos estudos de história e política, cabe mencionar um livro recente, sincrônico com o presente ensaio, intitulado *Yona e o andrógino – notas sobre poesia e cabala*, de Amâncio (Amâncio, 2010): nele, a contribuição da poeta israelense contemporânea Yona Wollach é interpretada à luz do misticismo transgressivo; no caso, de antinomismos judaicos como o frankismo; contextualizando, há paralelos com Ginsberg, a contracultura e a Geração Beat.

Embora nem beats nem hippies se houvessem alinhado sob bandeiras especificamente religiosas, tais comparações são reforçadas por relações genéticas, situadas na diacronia. Estendem-se desde os antigos gnósticos dos primeiros séculos d.C., passando pelos adeptos do Espírito Livre, até contemporâneos. William Blake, poeta matricial para os beats, apontado por Ginsberg como guia ou mentor em uma relação semelhante àquela de Dante

Alighieri com Virgílio, efetivamente assimilou temas e a visão de mundo daqueles rebeldes religiosos, elaborando-os poeticamente. Todavia, mais importante do que constatar continuidade e possíveis influências de uma etapa de tais movimentos sobre outra, subsequente, é observar seu fundamento filosófico. A matriz partilhada por eles consiste na crítica. Ou melhor, em uma dupla crítica, imanente e transcendente. Imanente por dirigir-se contra a ordem estabelecida, os poderes vigentes em um dado momento, alvos da rebelião. E transcendente, metafísica por expressar uma cosmovisão segundo a qual a realidade imediata, sensível, é falsa, devendo ser substituída por um mundo melhor, mais justo e harmônico; pela reconquista do paraíso perdido, do estado adâmico. Tais ideias são recorrentes e, sem dúvida, transistóricas e transculturais. Expressam-se por meio da associação óbvia da pobreza à santidade; e da associação da santidade, de uma condição espiritualmente superior, à liberdade. Para os transgressores religiosos, trata-se de liberdade no mundo, permissão para fazer tudo. É o que sugere a presença das místicas da transgressão em contextos tão diversos: da Antiguidade até hoje, do Tibete até nossas imediações, de sociedades tribais até núcleos nas metrópoles.

Novamente, é Cohn quem acentua o caráter transistórico ao incluir, no capítulo sobre o Espírito Livre de *The Pursuit of the Millennium*, um parágrafo sobre o Abade Boullan, oficiante de missas negras do final do século XIX que inspirou Huysmans a escrever a narrativa "à clef" *Là-bas*. Mas com uma informação perturbadora: Boullan, afirma Cohn, "fundou uma seita da qual se diz que a um tempo teria tido uns 600 mil membros, principalmente na Europa ocidental" (idem, p. 175). Sim – conhecemos esses antinomismos, porém através de suas repercussões literárias. Quem quiser saber sobre missas negras no final do século XIX, que recorra a Huysmans, ou, mais recentemente, a *O cemitério de Praga*, de Umberto Eco; sobre gnósticos licenciosos no começo do século XX, que leia *O lobo da estepe*, de Hermann Hesse. Mas, quanto a seu grau de difusão e prestígio, a tendência parece continuar sendo a de varrer a informação para baixo do tapete. A exceção, na família dos antinomistas, é Aleister Crowley: mas esse mago literalmente forçou a porta de movimentos literários (invadiu a Ordem da Aurora Dourada de William Butler Yeats) e de escritores (pelo modo como associou Fernando Pessoa a uma de suas tramas, o falso desaparecimento no episódio da "Boca do Inferno").

Principalmente, ligar a Geração Beat ao "anarquismo místico" é justificado pelo modo como eles reivindicaram essa ligação. Reconheceram e valorizaram vínculos com o Espírito Livre e com doutrinas afins, que o precederam – especialmente o gnosticismo – ou o sucederam.

Ginsberg, em especial, insistiu na importância dos gnósticos – dos quais os heréticos do Espírito Livre podem ser considerados um desdobramento – como origem remota da Geração Beat e da subsequente contracultura. Em "Gnostic consciousness", palestra sobre os modos de chegar a um "estado da mente não conceitual" através de mantras e práticas do budismo, publicada na coletânea *Allen Verbatim*, comentou:

> Na cultura ocidental, o equivalente dessa espécie de pesquisa estaria na tradição gnóstica. Você teria que começar com Heráclito e examinar Porfírio e Jâmblico e Jacob Böhme e Pitágoras. Há, de fato, uma forte tradição ocidental nessa área, embora não seja extensivamente estudada como parte da filosofia formal porque, ao redor de 300 d.C., quando o Imperador Constantino se apoderou da Igreja, foi chutada para fora[9] pela, para assim dizer, CIA daquele tempo, por ser antiautoritária. (Ginsberg, 1975, p. 31)

Gary Snyder, poeta não só adepto do budismo, mas estudioso sistemático de religiões e cultos arcaicos (do xamanismo tribal norte-americano ao taoismo chinês), argumentou de modo semelhante:

---

9. No original, "it got stomped out".

De certo modo, pode-se ver a Geração Beat como um outro aspecto da perpétua "terceira força" que tem avançado através da história com seus próprios valores de comunidade, amor e liberdade. Pode ser relacionada às antigas comunidades dos essênios, ao cristianismo primitivo, às comunidades gnósticas e às heresias do espírito livre da Idade Média; com o sufismo islâmico, o taoismo chinês primitivo, e com ambos os budismos, zen e shin. As audaciosas e tocantes esculturas eróticas em Konarak, na Índia, as pinturas de Hieronymus Bosch, a poesia de William Blake, tudo isso pertence à mesma tradição. O lema num café beat em Los Angeles é a equação "Arte é Amor é Deus". Na América nós recebemos isso de Walt Whitman e Henry David Thoreau e dos professores da geração anterior à nossa, William Carlos Williams, Robinson Jeffers, Kenneth Rexroth, Henry Miller e D. H. Lawrence (Snyder, 2005, p. 184).

A mesma genealogia é reivindicada em um poema de Diane di Prima, de suas *Revolutionary Letters*:

OLHEM PARA AS "HERESIAS" DA EUROPA POR ANTEPASSADOS
(remanescentes da Europa pré-colonizada e pré-romana)
Insistente e esperançosa ressurgência de *communards*
amor livre & prazer: "em deus todas as coisas são em comum"
secreta celebração de antigas estações festas e luas
Reescrevam o calendário.[10] (Di Prima, 2007, p. 76)

Kenneth Rexroth, poeta e militante anarquista, apontado por Snyder no trecho já citado como representante de uma tradição norte-americana, foi um mentor não da Geração Beat como um todo (teve divergências com Ginsberg e Kerouac), mas da San Francisco Renaissance, a comunidade de poetas que se

---

10. Neste poema de Diane di Prima, traduzi "*bloodroots*" por "antepassados", na falta de termo melhor; "deus" está grafado assim, com minúscula, no original.

reuniu naquela cidade. Dela fizeram parte autores que se ligariam aos beats, como McClure, Snyder e Whalen. Rexroth observou esses antecedentes em um texto de 1974, *Communalism*; posterior, portanto, à publicação do livro de Cohn. Ademais, em vez de endossar a licenciosidade, como o haviam feito Di Prima, Snyder e Ginsberg, expressou restrições, vendo-a como desvio, interpretação distorcida de premissas do misticismo:

> Unido a Deus, é impossível para o místico pecar; por conseguinte, ele pode fazer tudo o que quiser. Roubo, mentira, especialmente licenciosidade sexual, são permitidos; oração e todas as observâncias religiosas são inúteis. Isso é uma espécie de imagem especular em um vidro nublado e distorcido da moralidade e da ética do misticismo, que não é peculiar ao cristianismo. Ao mesmo tempo, sufis, pregando a mesma doutrina, eram perseguidos e crucificados na Pérsia. Hinduísmo, budismo, o Zen americano contemporâneo, todos produziram a mesma distorção. (Rexroth, 1974[11])

Esse levantamento de antecedentes invoca doutrinas e manifestações que, mesmo soando com mais força pela voz dos beats, já podiam ser nitidamente ouvidos através de poetas românticos e modernistas. Isso foi comentado por Scholem ao distinguir duas atitudes dos místicos: uma delas conservadora, a outra revolucionária. Para o estudioso da cabala e misticismo judaico, "uma atitude revolucionária é inevitável uma vez que o místico invalida o sentido literal das escrituras sagradas". Blake, Rimbaud e Walt Whitman – três poetas matriciais para os beats – representaram, afirmou, o misticismo "sem laços com qualquer autoridade religiosa"; ou seja, sem vínculos com religiões institucionais. Foram "heréticos luciferianos", cuja imaginação era "estimulada por imagens tradicionais, ou da igreja católica oficial (Rimbaud) ou de origem hermética e espiritualista, subterrânea e esotérica (Blake)" (Scholem, 1965, p. 13-16; cf. Willer, 2010, p. 221).

---

11. Em http://www.bopsecrets.org/rexroth/communalism2.htm#4.

Caracterizar poetas que foram aventureiros e desregrados como místicos equivale a afirmar que o misticismo vai além do ascetismo e da vida contemplativa. Assim, passam a fazer parte dessa categoria modalidades do antinomismo ou antinomianismo[12]: doutrinas e movimentos, além da já citada heresia do Espírito Livre, que sustentaram a santidade do pecado e o valor místico da transgressão. Representam-nas o gnosticismo licencioso; correntes do tantrismo (inclusive a seita tibetana N'yingma ou Nyingmapa, à qual Ginsberg se filiou)[13]; e as dissidências judaicas: o sabataísmo, exemplarmente estudado por Scholem, e sua derivação radical, o frankismo. Esse termo refere-se aos adeptos de Jacob Frank, líder no século XVIII de uma derivação radical do sabataísmo. Informa Scholem: "Não é de admirar se ficamos sabendo que esses rituais envolviam a degradação moral de seus participantes, ao mesmo tempo, como sempre acontecia em tais grupos, que eles praticavam promiscuidade sexual" (Scholem, 1999, p. 179). Frank, um dos líderes religiosos que mais se assemelharam aos libertinos característicos daquela época, ao converter-se ao catolicismo, como que se excluiu do âmbito dos estudos judaicos[14]; alguns dentre seus adeptos reapareceriam como jacobinos na Revolução Francesa.[15]

---

12. O vocábulo *antinomianism* ora tem sido traduzido como antinomianismo, ora como antinomismo na bibliografia especializada brasileira; por exemplo em Biale, 2004, e Scholem, 1995.
13. Na biografia de Ginsberg por Miles é usada a grafia N'yingma; em *Allen Verbatim*, Nyingmapa.
14. Mas reaparece em páginas do já citado *Yona e o Andrógino – Notas Sobre Poesia e Cabala*, de Moacir Amâncio, bem comentado e contextualizado.
15. Chegaram a formar uma ordem maçônica, dos "Irmãos Asiáticos", informa Scholem. É interessante como seguidores de teorias conspiratórias sobre subversivos judeus maçons, tão bem dissecadas por Umberto Eco, entenderam ou fizeram questão de entender tudo ao contrário: existiram, sim, tais conspiradores, mas não representavam o judaísmo, porém aquilo que suas comunidades e seguidores abominavam e baniam.

É de especial relevância a hipótese de Scholem, em seu estudo sobre Sabatai Tzvi (Scholem, 1996), de que semelhante rebelião religiosa pode ter sido não uma distorção do misticismo, mas a realização de suas premissas; ou, ao menos, daquelas de uma de suas correntes importantes, a cabala luriânica que floresceu na Palestina no século XVI após a expulsão dos judeus da Península Ibérica. Portanto, diverge da avaliação dos antinomismos como distorção, tal como feita por Rexroth; ou a corrige.

Nessa perspectiva, místicos monásticos representam uma das possibilidades ou caminhos do misticismo, entendido como busca da gnose, iluminação ou revelação; de uma experiência pessoal de transcendência, na esfera da subjetividade. Heréticos desregrados correspondem a outro caminho, deixado de lado por teólogos racionalistas, historiadores positivistas e conservadores em geral.

A propósito, cabe destacar a contribuição, ao longo do século XX, dos estudiosos que reintegraram manifestações à primeira vista aberrantes e excêntricas ao exame de doutrinas e manifestações religiosas. Entre eles, os já citados Scholem, no âmbito dos misticismos judaicos, e Cohn, sobre messianismos e rebeliões religiosas medievais. Certamente também Hans Jonas, estudioso do gnosticismo, e Mircea Eliade, autor de uma obra ciclópica, responsável por uma renovação profunda no estudo de mitos e manifestações religiosas.

Essa ampliação dos estudos religiosos e do misticismo foi reconhecida pelos beats, especialmente por Ginsberg. Em sua busca de síntese de literatura e vida, conhecimento e experiência, costumava visitar e entrevistar autores a quem reconhecia como influência. Não se encontrou apenas com criadores propriamente literários, como William Carlos Williams, em primeira instância, e, em suas viagens à Europa, com Henry Michaux, Louis-Ferdinand Céline e Ezra Pound, entre outros; mas também com sacerdotes e líderes religiosos. Na viagem à Índia de 1963, reuniu-se com gurus e outros devotos e com o Dalai Lama.

Também procurou estudiosos da religião. Em sua passagem por Israel em 1961, a caminho da Índia, esteve com Martin Buber e Scholem, os dois principais responsáveis, historicamente, pela reabilitação do misticismo judaico como campo de estudos. Mais tarde, em 1967, visitaria Eliade.

Em seus diários, Eliade comentou de modo favorável a visita de Ginsberg.[16] O encontro com Buber é comentado em entrevista de Ginsberg à *Paris Review*: conversaram sobre visões, e Buber lhe disse que estava mais interessado na relação com seres humanos do que com entidades transcendentais (Cohn, 2010, p. 157, entre outras fontes). Infelizmente, não dispomos de registro das conversações com Scholem, do que trataram e de qual foi o grau de entendimento entre o poeta e o estudioso da cabala.

---

16. Quem leu para mim o comentário de Eliade sobre a visita de Ginsberg foi o poeta Roberto Piva. A consulta a bibliotecas e alfarrábios indica que, no Brasil, o único lugar onde se achariam os diários de Eliade seria a biblioteca de Piva, momentaneamente indisponível após seu falecimento.

2
AS RELIGIÕES BEAT

Poderia a Geração Beat ser considerada um movimento religioso?

A rigor não, por causa da heterodoxia e diversidade doutrinária de seus integrantes. Mas a questão e o consequente debate já ganharam bibliografia.

Comentaristas tendem a fixar-se na relação dos beats com o budismo e, em termos mais gerais (e às vezes genéricos), com o "oriente" (por exemplo, Roszak e Jackson em Zott, 2003). Isso, pelo prestígio e difusão do budismo no âmbito da contracultura, em parte por influência beat. Mas são deixadas de lado outras correntes, antecedentes e influências, apesar de advertências a respeito dos próprios autores que compuseram aquele movimento, a exemplo do que foi citado aqui.

Importa que, mesmo não tendo havido adesão à mesma doutrina pelo conjunto de seus integrantes, nem o mesmo grau de crença, fé ou envolvimento, a Geração Beat foi, dentre os grandes movimentos literários do século XX[17], aquele cujos integrantes mais se relacionaram com modalidades de experiência religiosa e mística. E também os que mais politizaram tais experiências.

---

17. Ginsberg, fonte evidentemente qualificada, caracterizou deste modo o beat como movimento literário: "Um quarto sentido [de beat] que se acumulou ao redor do mundo é encontrado na frase 'movimento literário da Geração Beat'. Esta frase se refere a um grupo de amigos que trabalharam juntos em poesia, prosa e consciência cultural desde meados da década de 1940 até que o termo se tornasse nacionalmente popular no final dos anos 1950" (no prefácio de Waldman, 1996; cf. Willer, 2009, p. 17).

Expressaram-nas como mito milenarista, especialmente através de Ginsberg, que proclamou em poemas e pronunciamentos o advento de uma nova era. Corresponderia a uma transformação real da sociedade, e não apenas a uma ascese pessoal ou acontecimento biográfico (como será exposto em maior detalhe no capítulo final deste ensaio). Sua premissa ou requisito: a transformação da consciência. Apesar da firme objeção de Kerouac a essa politização.

Em um de seus últimos textos, o prefácio de *The Beat Book*, coletânea organizada por Anne Waldman e publicada em 1996 (morreria no ano seguinte), Ginsberg voltou a proclamar: "Nós temos um grande trabalho a fazer, e nós o estamos fazendo, tentando salvar e curar o espírito da América". Para fazer frente à reação conservadora, recomendou: "Mais arte, meditação, estilos de vida de relativa penúria, evitar o consumo conspícuo que está arrasando nosso planeta"[18] (Waldman, 1996, p. xvii). Reafirmava, portanto, a mística da pobreza, identificada à resistência política.

O exame da religiosidade e do misticismo de autores que integraram a Geração Beat tem que levar em conta seu processo de formação.

Há alguma controvérsia ou variação, conforme a fonte, sobre quem seriam os beats, quais teriam sido os verdadeiros integrantes daquele movimento. Em *Geração Beat* (Willer, 2009), adotei o elenco arrolado pelo próprio Ginsberg em seu prefácio para *The Beat Book*. Contudo, autores que estão nessa relação, como Whalen e Ferlinghetti, manifestaram dúvidas quanto a essa inclusão.

Na verdade, houve dois estratos, correspondentes a dois momentos da formação do movimento: um, o primeiro, nova-iorquino, constituído a partir de 1944; outro, já com o acréscimo, dez anos depois, de poetas radicados em São Francisco.

---

18. Neste trecho, traduzi "*burning down the planet*" por "arrasando o planeta".

O núcleo inicial da beat, tal como constituído em 1944, com Ginsberg, Kerouac, Lucien Carr, William Burroughs e amigos, foi aquele dos que pesquisaram ou buscaram a "nova visão" – uma ampliação da percepção ou transformação da subjetividade. Fundamentavam-se em poetas que se relacionaram com tradições místicas, esotéricas e ocultistas; em especial Blake, Rimbaud e Yeats.

É emblemático que Carr, preso e julgado por cometer um assassinato no final de 1944[19], tivesse uma foto publicada em jornais mostrando-o, ao comparecer ao tribunal, com um exemplar de *A Vision*, de Yeats (Nicosia, 1983, p. 129; Yeats, 1984): a obra mais especificamente esotérica do poeta irlandês, adepto do ocultismo, que lhe teria sido ditada por sua mulher em transe; resultado, segundo ele, da "escrita automática".

Contudo, o vate irlandês, mesmo partilhando com os beats a reverência por Blake – tomava-o como paradigma, situando-o acima de suas fontes especificamente ocultistas até em sua participação nas polêmicas no âmbito da ordem esotérica da qual fazia parte, como se vê por sua correspondência –, foi um tradicionalista. Dificilmente endossaria o modo como aquele grupo interpretou suas investigações ocultistas: "disciplina" e "ordem" são palavras-chave em suas manifestações no âmbito daquela sociedade secreta (Harper, 1974, especialmente a transcrição de "Is the Order of R.R. & A.C. to remain a Magical Order?" de Yeats, p. 259-270).

Kerouac relata em *Vanity of Duluoz* que foram dois os volumes que Carr tinha ao ir para a cadeia: aquele de Yeats e *Uma temporada no Inferno*, de Rimbaud (Kerouac, 1994, p. 230) – esse sim compatível com o que ocorria no âmbito daquela réplica desregrada de uma associação esotérica formada pelos adeptos da "nova visão".

Bem sincronicamente, Ginsberg relatou em uma de suas entrevistas que, ao ser detido em 1949 (no episódio que resultou

---

19. Esfaqueou David Cammerer, homossexual que o assediava e que o vinha seguindo aonde quer que fosse desde seus catorze anos de idade.

em seu internamento, no qual conheceria Carl Solomon), quis levar consigo seu exemplar do *Bhagavad Gita* – mas os policiais não o permitiram, alegando não ser um livro religioso (Ginsberg, 2002, p. 63).

Ginsberg foi uma figura central na Geração Beat não só pela importância como poeta, mas como ideólogo, articulador e porta--voz. Pode-se falar, com relação a ele, em obsessão religiosa a ponto de, em 1988, ter-se feito entrevistar por um típico fundamentalista evangélico, John Lofton, para um extenso confronto em questões teológicas, conforme registrado na coletânea de entrevistas *Spontaneous Mind* (Ginsberg, 2001, p. 469 e segs). E em furor místico – mas de um misticismo frequentemente expressando-se através de obscenidades, além de sobreposto ao desregramento, como é ilustrado, entre outros lugares, pelo final de *Memoirs of a Beatnik*, de Diane di Prima: relata a recepção de Ginsberg e Kerouac pela poeta e amigos que dividiam seu apartamento; há uma sessão de sexo coletivo, mas com um cenário de cerimônia religiosa e réplica de sexo tântrico (Di Prima, 1988, p. 167).

Após tornar-se celebridade e líder de manifestações de protesto, Ginsberg alternava a presença pública, a participação e a militância com prolongados retiros para meditação.[20] Desde o início de sua produção poética, há presença constante de símbolos e entidades de uma diversidade de religiões, além de poemas em forma de orações, como este salmo de 1949: "Contempla teu mito que encarna em minha carne / Agora encarnado em Teu Salmo, Ó Senhor" (Ginsberg, 1984, p. 22). Prosseguiu no mesmo tom em seu livro de estreia, *Uivo e outros poemas*: em "Transcrição para música de órgão", "O quarto fechou-se por cima de mim, esperava a presença do Criador"; "O Pai é piedoso"; "E o Criador me deu um instante da sua presença para satisfazer meu desejo" (Ginsberg, 2010, p. 51-53). Mas, de modo característico,

---

20. Assim procedia na época em que o traduzi, início da década de 1980: todo ano, eram seis meses agitando e outros seis meditando.

manifestações de piedade e devoção alternam-se com referências diretas a sexo: "Lembro-me da primeira vez que fui fodido, HP graciosamente me desvirginou" (idem, ibidem).

Seus diários mostram um visionário obcecado pela transcendência; por mistérios cósmicos, o sentido da vida e da existência, a natureza de Deus. Afirmou, abrindo um de seus poemas: "Poeta é sacerdote" (Ginsberg, 2010, p. 125).[21] Designou-se como "*Jewish radical*", radical judaico (no já citado prefácio para Waldman, 1996, p. xvi). Declamava poesia ao modo de um "kantor" de sinagoga ou da entoação de mantras. Ordenou-se budista em 1971 na seita N'yingma da corrente Vajraiana, do budismo tibetano. Também frequentou os Hare Krishna, apresentando-se publicamente com sua vestimenta característica. Em entrevistas, depoimentos e palestras, apontou como experiência marcante e decisiva sua "iluminação auditiva da voz de William Blake simultaneamente com a visão da eternidade" de 1948: ouviu uma voz, que seria a do próprio Blake, dizendo os poemas que lia, "The sick rose" ("A rosa doente") e "Ha! Sunflower" ("Ah! Girassol"), de *Canções da experiência*, enquanto se masturbava distraidamente, acompanhada pela sensação de beatitude e uma percepção muito aguda da paisagem urbana vista da janela de seu apartamento (cf. Willer, 2009, p. 63; em detalhe, Miles, 1989, p. 99-102; Ginsberg, 2002, em várias passagens).

Suas experiências com alucinógenos foram, durante um período, tentativas de reviver a "iluminação auditiva de Blake", experimentando a mesma beatitude. Assemelhavam-se a teofanias, como neste final de um poema sob efeito de LSD:

MANDALA

Deuses dançam em seus próprios corpos
Novas flores se abrem esquecendo a Morte

---

21. *Poet is priest*, no original de "Morte à orelha de Van Gogh" (Ginsberg, 2010, p. 125).

Olhos celestiais acima do desconsolo da ilusão
Eu vejo o alegre Criador
Faixas se elevam em um hino aos mundos
Bandeiras e estandartes tremulando na transcendência
Uma imagem permanece no final com miríades de olhos na Eternidade
Esta é a Obra! Este é o Saber! Este é o Fim do homem!
(Ginsberg, 2010, p. 142)

Em "Kral Mahales", poema de 1965 que também é o relato de sua expulsão da Tchecoslováquia após ser coroado "rei de maio" (*kral mahales*, no idioma tcheco) e promover escândalos (Miles, p. 362-368), fez uma profissão de fé de heterodoxia e pluralismo religioso. O poema foi escrito no avião que o levava de Praga a Londres:

e eu sou o Rei de Maio, naturalmente, pois eu sou de descendência eslava e um judeu budista
que cultua o Sagrado Coração de Cristo o corpo azul de Krishna as costas retas de Ram
as contas de Xangô, o nigeriano, cantando Shiva Shiva em um modo que inventei (Ginsberg, 1984, p. 354)

É a religião total: o culto a todos os deuses de todas as crenças. E também a heresia total, sob o ponto de vista das religiões institucionais, oficiais.

A menção a Xangô em "Kral Mahales" advém de haver-se encantado em sua visita a Cuba pela *santería*, variante cubana dos cultos afro-americanos, aparentada ao nosso candomblé e ao vodu haitiano. Observou em uma entrevista de 1967, entre outras ocasiões, que o jazz norte-americano era uma tradução de rituais de cultos africanos para uma linguagem do século XX:

O motivo pelo qual tive essa ideia é por ter ido a Cuba, um ano e meio atrás desde janeiro passado, e lá me deparei com sobrevivências, intactas, das tribos Yoruba da Nigéria. Eles têm uma coisa chamada Santería, que é o culto de vários deuses: Xangô, que é um deus fálico, muito assemelhado ao deus indiano Shiva, e Iemanjá[22], a deusa de corpo azul do oceano, feminina. Eles têm um panteon muito assemelhado ao dos hindus. E cultuam seus deuses através do tambor. Xangô é o tambor. Os sacerdotes fazem padrões de ritmo com o tambor. Os adoradores dançam diante do tambor. (Ginsberg, 2002, p. 68)

Isso, lembrando que sua expulsão de Cuba em 1965, precedendo aquela da Tchecoslováquia, foi não apenas por haver exposto sua homossexualidade, convidando rapazes a seu quarto de hotel, e por advogar a liberação da maconha, mas também por insurgir-se contra a repressão da *santería*.

Resta lamentar que o autor de "Uivo" não tivesse tido a oportunidade de visitar o Brasil: certamente se entusiasmaria com o candomblé e demais variantes do nosso rico sincretismo afro-brasileiro.

Logo após o sucesso do lançamento de *On the Road*, em 1957, Kerouac foi convidado a um programa de entrevistas na TV, *Nightbeat*, na WOR-TV. Algo como 40 milhões de telespectadores assistiram a este diálogo de John Wingate, o apresentador, e Kerouac: "Diga-me, Jack, o que, exatamente, você está procurando?". "Eu estou esperando que Deus me mostre Sua face" (Johnson, 1999, p. 190; Nicosia, 1986, p. 560).

A frase é das mais citadas de Kerouac – inclusive pelos especialistas brasileiros, como Eduardo Bueno (no posfácio de *On the Road*, e em outras ocasiões) e Antonio Bivar (2004). Não se tratava de blague, tirada de espírito. Limitou-se a resumir o que vinha dizendo, de diferentes modos, ao longo de sua produção

---

22. Usei nossa grafia corrente para "Xangô" e "Iemanjá"; no texto original da entrevista de Ginsberg, estão grafados como "Chango" e "Yemaya".

literária. Já havia anotado, em seu retiro no topo de uma montanha no verão de 1956, esta passagem (em *Anjos da desolação*, obra que terminaria e publicaria somente em 1961):

> Quando eu chegar ao topo do Desolation Peak e todo mundo for embora de mula e eu ficar sozinho eu vou ficar cara a cara com Deus ou Tathagata e descobrir de uma vez por todas qual é o significado de toda essa existência de todo esse sofrimento e de todo esse vaivém inútil. (Kerouac, 2010, p. 36)

Em *On the Road* sucedem-se as visões, êxtases, epifanias, de um modo insistente e reiterativo, suscitando estranheza por parte da crítica literária:

> Quando cruzávamos a fronteira entre Colorado e Utah, vi Deus no céu sob a forma de enormes nuvens douradas sobre o deserto que pareciam apontar seu dedo para mim e dizer: "Passe por aqui e siga em frente, você está na estrada que leva ao paraíso". (Kerouac, 2008, p. 226)

Há consenso entre estudiosos a respeito da sua religiosidade. Para Douglas Brinkley, organizador dos *Diários de Jack Kerouac*:

> Apesar de em sua obra ficcional Kerouac apenas aludir à fixação pela morte de Cristo, esses diários são um caso completamente diferente. As páginas originais eram enfeitadas com imagens religiosas e pululavam de apelos a Deus para perdoar seus teimosos pecados carnais. Da infância até a morte, Kerouac escreveu cartas a Deus, orações a Jesus, poemas a São Paulo e salmos por sua própria salvação. (Kerouac, 2006, p. 19)

Essa edição de seus diários cobre o período entre a finalização da narrativa de estreia, *Cidade pequena, cidade grande* (*The Town and the City*), e as viagens que viriam a ser relatadas em

On the Road e *Visões de Cody*. Mostra um aventureiro e boêmio, frequentador dos ambientes jazzísticos de Nova York; um leitor a comentar outros autores; um escritor que procura expressar-se através de uma narrativa "não europeia", buscando uma "expansão poética" genuinamente norte-americana, querendo trazer para o texto a fala, o "som interior de um país", a "música das ruas", "a tremenda musicalidade, a música do pensamento, a música sombria dos pensamentos sombrios" (Kerouac, 2006, p. 50, 239, 256). E um devoto que reza antes de começar a escrever, além de anotar salmos e orações em seus diários (idem, especialmente p. 167-168 e 184). Baudelaire, conforme seus escritos íntimos, fazia orações para Poe; Kerouac acendia velas e rezava para Dostoiévski.

Daí Howard Cunnell, organizador e prefaciador da recente edição do manuscrito original de *On the Road*, observar: "Sabemos que o romance [*On the Road*] é bem mais uma busca espiritual do que um guia de como se tornar um hipster" (Kerouac, 2008, p. 12). Gerard Nicosia, autor de uma biografia substanciosa de Kerouac, fez comentários análogos referindo-se a *On the Road*, mas que valem para toda a sua obra:

> Kerouac nunca nos deixa esquecer que seus personagens estão em uma busca religiosa. Embora utilize a terminologia litúrgica padrão, logo descobrimos que está fazendo saltos associativos em domínios além de qualquer igreja instituída.[23] (Nicosia, 1983, p. 347)

Para não deixar dúvidas, na autoapresentação com que abriu *Viajante solitário*, declarou: "Na verdade, não sou um beat, mas sim um estranho e solitário católico, louco e místico" (Kerouac, 2006, p. 10). Epifanias e sensações de êxtase em igrejas são relatadas em seu livro de estreia, *Cidade pequena, cidade grande*; no terminal *Anjos da desolação*; e nas memórias de infância de *Visões*

---

23. *Denominational church*, o termo utilizado por Nicosia, que traduzi como "igreja instituída".

de Gerard[24], obra não apenas religiosa, mas piedosa e teológica. Rememorando o irmão prematuramente morto, essa narrativa é uma reflexão sobre santidade, fé, pecado e salvação: "Deus nos fez para Sua glória, não para a nossa" (Kerouac, 1991, p. 58). Julgamentos semelhantes sobre a relação de Deus e o mundo são repetidos em *Big Sur* e *Vanity of Duluoz*. Podem ser marcas da sua formação católica tradicionalista. Barry Miles, em sua biografia de Kerouac, observa: "O catolicismo americano é jansenista, embora Jansênio tenha sido denunciado como herege e pregado um extremo puritanismo" (Miles, 2012, p. 33). O jansenismo, doutrina forte no século XVII cujo expoente filosófico foi Pascal – citado várias vezes por ele –, é acentuadamente dualista e pessimista. A igreja católica norte-americana ser toda ela jansenista é, evidentemente, uma generalização, e outras fontes não corroboram essa informação. Mas a hipótese de Kerouac ter tido semelhante formação permite ver como consequentes seu interesse, mais tarde, pelo gnosticismo e o mergulho no budismo: ambos, também, dualismos pessimistas.

As invocações a Buda e categorias budistas são constantes nas obras escritas depois de 1953, além daquelas especificamente devocionais, como *Despertar – uma vida de Buda*, feita, em suas palavras, com o propósito de converter (Kerouac, 2010, p. 39), e *The Scripture of the Golden Eternity* (Kerouac, 1999). Isso, acompanhado pelo interesse no debate religioso, até mesmo no modo satírico, como se vê em sua peça de teatro *Geração Beat* (Kerouac, 2007) e no roteiro que preparou para o filme experimental *Pull My Daisy*, de Robert Frank e Alfred Leslie, de 1959: em ambos, boa parte do enredo é sobre a visita de um bispo – um episódio real – à casa de Neal e Carolyn Cassady e a subsequente discussão teológica.

No entanto, tomando o conjunto dos autores que integraram a Geração Beat, que abrange desde um marxista como LeRoi Jones (o militante negro que adotaria o nome de Amiri Baraka),

---

24. Em citações usou-se a edição americana (1994). (N.E.)

passando por um consumado delinquente como Ray Bremser (foi morar no México depois de fugir da cadeia), até um sacerdote como William Everson, o Brother Antoninus, e incluindo a praticante do budismo e também ocultista e professora de magia Diane di Prima, evidencia-se não apenas a heterodoxia, a diversidade religiosa, porém a variação, desde o polo da devoção até aquele da indiferença, agnosticismo e ateísmo.

Enxergar vínculos com religiões em Lawrence Ferlinghetti, por exemplo, demanda um esforço de interpretação. É mais fácil encontrar em seus poemas críticas ao transcendentalismo de outros autores de sua geração, especialmente aquele de Ginsberg: "Chega de cantar Hare Krishna / enquanto Roma arde" e "Não é mais hora de fazer *om*"[25] (Ferlinghetti, 1984, p. 188). Isso apesar da notória admiração de Ferlinghetti por Ginsberg.

Já em Michael McClure é evidente o neopaganismo, expresso através de proclamações pela recuperação do xamanismo arcaico e da adesão a místicas da transgressão, ao longo de toda a sua vida e obra. É digna de nota, também, a tentativa de estabelecer conexões entre misticismo e biologia. Mas seu misticismo e religiosidade vêm associados à rejeição de doutrinas, quer fossem políticas ou religiosas; ou, antes, declarando que ambas, ideologias políticas e doutrinas religiosas, são a mesma coisa, como em suas "99 Teses": "57. Religião, materialismo, política, progresso, tecnologia – são evangelismos. 58. Evangelismos são proliferações de monotonias" (McClure, 2005, p. 223).

Philip Lamantia, o excelente e ainda pouco divulgado poeta beat surreal, viveu um movimento pendular de aproximações e afastamentos de um catolicismo devocional e místico e, inversamente, do surrealismo. Relatou extremos de experiência religiosa,

---

25. Ginsberg, em manifestações de protesto, comparecia trajado de Hare Krishna e entoava mantras. Mas seria o poema de Ferlinghetti, intitulado "Manifesto populista", uma sátira ao populismo, e não ao misticismo? Pouco provável, pois vem precedido por uma homenagem a Neruda, expoente de uma poesia militante.

como ao visitar índios mexicanos, os Coras ou Nayeri, em 1954: "Foi lá que comecei a retornar à Igreja, a minhas próprias raízes, inspirado por sua visão e ritual" (Meltzer, 2001, p. 143). Talvez, dentre os poetas associados à Geração Beat, seja quem mais escreveu poesia especificamente devocional; um de seus títulos, *Tau* (Lamantia, 2008), é referência à cruz dos franciscanos.

Gary Snyder sempre foi, além de pesquisador do budismo, seu praticante na vertente Zen, tendo chegado a levar vida monástica em sua estada no Japão. Também estudou o taoismo e manifestações religiosas arcaicas, como o xamanismo dos índios norte-americanos. Provavelmente, foi o beat que teve a relação mais consistente com alguma religião, por haver adotado e professado a mesma doutrina ao longo de toda a sua vida.

Gregory Corso chegou a ser designado por Kirby Olson como poeta católico, "talvez o maior poeta sobrevivente de uma tradição que começou com os cânticos de São Francisco, a filosofia de São Tomás e a poesia épica de Dante" (Olson, 2002, p. 54). Mas, como exposto nesse ensaio, de um catolicismo ambivalente, alternando-o com gnosticismo e niilismo. Por isso, mesmo observando que "Deus é o tema mais importante de sua poesia", o ensaísta reconhece que "Corso parece ser um exemplar da heterologia de Bataille, sempre escapando a qualquer espécie de sistema, um iconoclasta que é capaz de destruir ou esquivar-se a qualquer sistema de pensamento, qualquer sistema de recuperação" (idem, p. 4).

Publicar poemas como "*God is a masturbator*" ("Deus é um masturbador" – Corso, 1970, p. 112) e "*God? She's Black*" ("Deus? Ela é negra" – Corso, 1962) o aproxima do polo da heterologia muito mais do que do da devoção, mas em um movimento pendular, já que, precedendo esse último poema, há em *Long Live Man* uma série de poemas bem devotos para São Francisco, santo especialmente admirado e cultuado por ele.

Neal Cassady foi mais relevante como personagem, protagonista de episódios da crônica beat, do que como autor (de cartas que inspiraram Kerouac e da autobiografia *O primeiro terço)*. Mas cabe no registro da diversidade religiosa no âmbito da beat: depois de adotar um catolicismo difuso ou uma noção genérica de "Deus", acabou por tornar-se, junto com sua mulher Carolyn, adepto da seita liderada pelo médium vidente Edgard Cayce, equivalente a uma variante do espiritismo Kardecista.

Burroughs exemplifica outra relação com religiões. Seu principal quadro de referências foi o relativismo linguístico: raciocinando como historiador e antropólogo, tendia a examiná-las como objeto de pesquisa. Contribuiu para tal o fato de ter sido leitor e estudioso de Oswald Spengler, de quem adotou o relativismo histórico e a consequente ideia do caráter contingente das categorias "do espaço, do tempo, do movimento, do número, da vontade, do matrimônio, da propriedade, da tragédia, da ciência", posto que: "Para outros homens existem outras verdades. Para o pensador, todas elas são válidas, ou nenhuma" (Spengler, 1964, p. 42).

Desse relativismo histórico e, obviamente, ético evoluiu para o relativismo linguístico – que, aliás, já havia sido pioneiramente formulado pelo próprio Spengler, ao manifestar dúvidas sobre a possibilidade de alguém conhecer outras religiões "dispondo de um único idioma, o qual, no seu caso, encerra pela sua estrutura e pelo seu espírito toda a metafísica secreta da sua cultura"; por isso, recomendou "abandonar, aparentemente, as verdades de sua intelecção cósmica" (idem, p. 351).

Essa ordem de considerações é precursora da "hipótese de Whorf-Sapir", de que a linguagem constituiu a realidade, ou aquilo que percebemos como "real": para Octavio Paz, um relativismo linguístico que poderia ser chamado "determinismo linguístico" e que remete às teses sobre uma linguagem arcana, divina, de Vico; e de Fabre d'Olivet e outros esoteristas (Paz, 1987, p. 34). E que foi adotado por outro autor importante para Burroughs, o psicólogo e filósofo Alfred Korzybski, cujo *Science and Sanity* fazia parte da lista de leituras apresentadas por ele ao ser visitado pela primeira vez por Kerouac e Ginsberg em 1944 (Gifford e Lee,

1979, p. 72; Miles, 1989, e outras fontes). Korzybski, um spengleriano, chegou a desenvolver procedimentos de psicoterapia partindo da premissa de que neuroses e outros distúrbios mentais eram usos inadequados da linguagem. Afirmou que a linguagem "nos escraviza através do mecanismo de reações semânticas e [...] a estrutura que uma linguagem habita, e nos impressiona inconscientemente, é automaticamente projetada no mundo ao nosso redor" (*apud* Lardas, 2001, p. 147).[26] Daí advém a famosa proclamação de Burroughs de que a linguagem é um vírus, em *Almoço nu* (Burroughs, 1984), entrevistas e outras ocasiões.

Mas em *Almoço nu* e outras das suas narrativas pode ser observada a adoção de uma cosmovisão gnóstica, consistentemente negativa, ao argumentar que vivemos em uma falsa realidade, controlada por entes sinistros, equivalentes aos demiurgos e arcontes gnósticos (como já observei em outra ocasião, cf. Willer, 2009 e 2010; e, de modo pioneiro, Tytell, 1976). Menciona, inclusive, Hassan-i Sabbah, o "velho da montanha", líder da estranha seita dos *haxixim*, ou assassinos do século XII, tida por autores como Serge Hutin por modalidade do gnosticismo no campo muçulmano. Cita-o ou atribui-lhe citações que adotou como lema, como ao final das *Cartas do Yage*: "Lembre-se sempre: 'Nada é verdadeiro. Tudo é permitido'. Últimas Palavras de Hassan-i Sabbah, O Velho da Montanha" (Ginsberg e Burroughs, 2008, p. 98).

Logo no início do livro de entrevistas *The Job*, Burroughs cita Ron Hubbard e sua cientologia, uma típica religião estranha do século XX[27], para fundamentar suas teses sobre um controle externo e cósmico da linguagem e da consciência, acionando a "R. M.", *reactive mind* (Burroughs, 1971, p. 38 e segs.). E toma o

---

26. Sobre Korzybski, pode ser consultado http://www.golfinho.com.br/biopnl/alfred_korzybski.htm ou http://en.wikipedia.org/wiki/Alfred_Korzybski.

27. "Religião estranha" é o termo utilizado por Bentley Layton em sua coletânea de escritos gnósticos para referir-se a essa doutrina (Layton, 2002). Adotei-o para uma diversidade de cultos e doutrinas afins; especialmente, para os antinomismos.

calendário maia como paradigma efetivo, descrição desses processos de controle. Frequentou cursos de cientologia em 1968, em Londres e Edimburgo: impressionaram-no a interpretação da linguagem como meio de controle e os exercícios para a libertação de condicionamentos. No entanto, desagradava-lhe o que a organização liderada por Hubbard tinha de autoritário e até fascista (Morgan, 1988, p. 443). Outras fontes dão seu relacionamento com essa doutrina como anterior: Barry Miles, em *The Beat Hotel*, menciona-a como antecedente da criação dos *cut-ups* em parceria com Brion Gysin, em 1959 (Miles, 2000, p. 240). *Nova Express*, de 1964, uma das obras criada através desse procedimento, apresenta uma distopia do controle extraplanetário através da linguagem que coincide com ideias sustentadas por Hubbard. E, mesmo sem voltar a frequentar a cientologia, continuaria a citá-la, como em *The Job*, cuja edição final é de 1974.

No entanto, as menções às duas doutrinas, a cientologia de Hubbard e o antiniomismo de Hassan-i Sabbah, valem mais como metáforas do que como indício de adesão. Resumindo e talvez simplificando, Burroughs demonstrou e expôs em sua obra o interesse por religiões estranhas e místicas da transgressão, porém, no contexto de seu ceticismo. Para ele, categorias como "Deus", "sagrado", "espírito" etc. seriam apenas palavras; e sua conexão com algo "real", com um referente externo é, em sua cosmovisão, sempre duvidosa e arbitrariamente imposta. De modo consequente, alertou Kerouac, a propósito de sua devoção budista: "Um homem que usa o budismo ou qualquer outro instrumento para remover o amor da sua existência e assim evitar o sofrimento comete, a meu ver, um sacrilégio comparável à castração" (carta a Kerouac, citada, entre outros lugares, por Joyce Johnson no prefácio de Kerouac, 2010, p. 30).

Evidentemente, há muitos outros exemplos dessa diversidade de posturas religiosas entre os autores da Geração Beat. Contudo, mais que arrolá-las, interessa discuti-las e tentar entender seu sentido.

O beat em geral e Ginsberg em especial podem corresponder a um terceiro estágio ou uma nova fase na história das relações entre religião, política e sociedade. Após o absolutismo da Contrarreforma e sua derrocada com a destituição de Deus, substituído pelo culto à razão promovido pelo Iluminismo, é possível registrar o retorno não mais exclusivamente daquele Deus da religião institucional, mas dos deuses celebrados através de uma diversidade de cultos e doutrinas.

Esse estágio corresponderia ao que Spengler, em *A decadência do Ocidente*, chamou de "segunda religiosidade". Para o historiador, uma etapa correspondente ao declínio de civilizações e, na civilização ocidental, da "concepção mecânica do mundo" e do "materialismo":

> O que vem depois é aquilo que denomino de segunda religiosidade. Ela aparecerá em todas as civilizações, logo que essas, após terem alcançado a plenitude do seu desenvolvimento, entrarem naquele estado não histórico para o qual os lapsos de tempo já não significam nada. A segunda religiosidade é o equivalente necessário do cesarismo, definitiva constituição política das civilizações posteriores. (Spengler, 1964, p. 370)

Kerouac chegou a declarar, em "The origins of the Beat Generation", artigo de 1959, que a Geração Beat correspondia à "segunda religiosidade":

> Quanto à análise do seu significado [*da Geração Beat*] [...] quem sabe? Até mesmo neste estágio tardio da civilização, quando o dinheiro é a única coisa que importa para todos, penso que talvez seja a Segunda Religiosidade que Oswald Spengler profetizou para o Ocidente (na América, último lar do Fausto), por haver elementos de significância religiosa oculta no modo como, por exemplo, um cara como Stan Getz, o mais elevado gênio de jazz de sua geração

"beat", foi posto na cadeia por tentar assaltar uma drogaria, repentinamente teve visões de Deus e se arrependeu (algo graciosamente à la Villon nessa história) – Ou tome o caso da canonização póstuma de James Dean por milhões de garotos – Estranhas conversas que ouvimos entre os primeiros *hipsters* sobre "o fim do mundo" e o "segundo advento", sobre "visões chapadas" e até sobre visitações, todos crentes, todos inspirados e fervorosos e livres do Materialismo Burguês-Boêmio [...] (Charters, 2007, p. 560)

E prossegue, relatando experiências equivalentes à revelação ou epifania entre companheiros de Geração Beat: Lamantia, Corso, Ginsberg, Burroughs, Snyder, Whalen, Huncke e Cassady, além dele mesmo.

No entanto, embora o autor de *On the Road* conhecesse bem as categorias de Spengler, aplicando-as a seu tempo, ao "estágio tardio da civilização, quando o dinheiro é a única coisa que importa", sua interpretação é pessoal. O modo como o pensador da decadência examinou manifestações de uma nova religiosidade foi crítico e depreciativo. Precedem-na, para Spengler,

[...] no atual mundo europeu-americano as burlas ocultistas e teosóficas, a Christian Science ianque, o mendaz budismo de salão, a indústria religiosa, que, na Alemanha ainda mais que na Inglaterra, promove-se por meio de seitas e cultos, em rodas góticas, antiquizantes e taoistas. (idem, ibidem)

Faltariam à "segunda religiosidade" e às manifestações que a precedem, acrescenta, "a força criadora primitiva, das culturas jovens". E, nessa "fase tardia", a fé "torna a patentear-se vigorosamente num sincretismo popular, que todas as culturas, inevitavelmente, produzem a essa altura da sua evolução" (idem, p. 371).

Observar a reaparição de religiões e cultos, mitos e superstições em finais de épocas e períodos de mudança – ou "decadência" – é correto. Mas nem sempre. O "cesarismo" mencionado por Spengler, com seu panteon eclético e móvel, correspondeu à consolidação e expansão do Império Romano. Sua decadência e queda iriam ocorrer sob um férreo monoteísmo, após a reforma promovida por Constantino, em 323 d.C., ao adotar o cristianismo como religião oficial.

Por isso, o julgamento de Spengler é simplificador, assim como aqueles de outros tradicionalistas. Mircea Eliade também via ocultismos modernos como manifestações degradadas do arcaico. Observou o "número considerável de seitas ocultas, sociedades secretas, grupos pseudoiniciáticos, movimentos hermetistas, neoespiritualistas etc.". Classificou-as, à exceção da maçonaria, como "improvisações recentes e híbridas" que "ilustram a desorientação de uma parte do mundo moderno, o desejo de encontrar um substituto à fé religiosa" (Eliade, 1999, p. 278).

Mas a religiosidade beat, inclusive a réplica esdrúxula e desordenada de um círculo esotérico pelos adeptos da "nova visão", certamente foi além dessa caracterização, ou daquela de Spengler, como:

> [...] uma nova piedade resignada, que tem suas raízes na angústia da alma e nos tormentos da consciência, uma devoção que abandonou a esperança de fundar nesta terra um novo mundo, que procura o mistério, ao invés de conceitos crus, e que finalmente o encontrará nas profundezas da segunda religiosidade. (Spengler, 1964, p. 421)

A "segunda religiosidade" é real, porém mais complexa; e, principalmente, paradoxal. Spengler foi redutor ao vê-la apenas como fenômeno característico da inexorável decadência, e não como emergência do novo. Deixou de levar em conta seus correlatos artísticos e literários – e nem poderia fazê-lo, pois, para ele, a arte havia acabado no século XIX e a literatura atingira seu apogeu com Goethe.

Tomando exemplos dentre os contemporâneos de Spengler, aquilo de que Yeats participou foi, de modo evidente, ocultismo de salão. O extraordinário poeta alemão Stefan George liderou uma dessas "rodas góticas, antiquizantes". Antes, Victor Hugo já se maravilhara com o repertório completo de cultos e manifestações do sobrenatural que o século XIX lhe oferecia. O mesmo já podia ser observado a propósito de Gérard de Nerval, um dos adeptos românticos dos "eleitos Cohen" de Martinez de Pasqually. E também em Fernando Pessoa; porém em uma relação mais complexa, de fascinação ambivalente.

Não obstante, a criação literária mais estreitamente ligada a tais crenças e frequentações foi, no caso desses autores, poderosa – assim como o foi aquela de expoentes do simbolismo-decadentismo que também frequentaram o típico ocultismo de salão do Sar Péladan e outros chefes de seita.

Eliade observou, com razão, que "aquelas obras modernas nas quais se pode decifrar os temas iniciáticos – por exemplo: *Ulisses*, de James Joyce, *The Waste Land*, de T. S. Eliot" (Eliade, 1999, p. 280) foram criadas por escritores que não mantinham relação com grupos ocultistas. Mas a recíproca não é verdadeira: houve, sim, criações literárias importantes (e de outros campos, é claro) por autores diretamente envolvidos com esoterismo, a exemplo desses aqui citados.

A "segunda religiosidade" spengleriana peca, portanto, pela generalização. Encobre manifestações distintas; ou, em alguns casos, refere-se à mesma manifestação, porém com sentidos distintos em função de quem é seu adepto ou frequentador. Kerouac, no artigo citado, mesmo expressando a crença no inevitável fim da civilização ocidental, soube observar tais diferenças. Diante do "revival" religioso de Billy Graham – hoje multiplicado em inumeráveis evangelismos – afirmou que há "uma religiosidade ainda mais profunda, o desejo de ir embora, sair deste mundo (que não é nosso reino)"; e a comparou às visões de santos e místicos medievais nos claustros de Clairvaux e Chartres (Charters, 2007, p. 562). Não falava mais de uma religiosidade tardia, e menos ainda decadente, porém da recuperação daquela fundadora ou iniciadora, como o foi (para Spengler, cabe insistir) durante o gótico medieval. E, em certa medida, a que constituiu os Estados Unidos. Distinguindo-se do catolicismo romano, inexiste um comando central no campo aberto pela reforma protestante. Por isso, nunca foi homogêneo, porém dividido em algumas grandes denominações e inúmeras menores, além das seitas autônomas. Como observa Hakim Bey, a colonização inglesa do novo continente – nisso diferindo daquela espanhola e da francesa – foi empreendida por dissidentes da igreja oficial britânica, anglicana. Alguns, continuadores das rebeliões religiosas medievais: "Antinomianos, familistas, quakers patifes, *levellers, diggers* e *ranters*", integrando "levas de protestantes radicais" (Bey, 2011, p. 46).

Há, contudo, uma característica da religiosidade beat em geral, e de Kerouac em especial, a ser destacada: seu distanciamento das instituições e suas práticas.

Kerouac afirmou, de modo cada vez mais insistente, sua fé católica. Utilizou a terminologia e os símbolos dessa religião. Mesmo antes de desistir do budismo e reingressar na fé católica, havia escrito, em 1956, *Visões de Gerard*, impregnado de catolicismo. Mas nunca foi um praticante; não ia à missa nem comungava ou, menos ainda, vivia conforme seus preceitos – a não ser na infância. Suas visitas a igrejas, em *Cidade pequena, cidade grande* e *Anjos da desolação*, equivalem a epifanias justamente por serem exceções, momentos isolados. E ainda escreveria trechos abertamente anticlericais em *Visões de Cody*. Seu individualismo foi maior que sua fé. Ser "místico e louco", como se declarou, correspondia a ser livre.

O mesmo se registra com relação aos demais beats. As exceções são William Everson, o Brother Antoninus – que, contudo, largou o hábito e se casou –, e Lamantia, naqueles períodos em que se isolou em um monastério trapista.

Observância religiosa pode ser apontada em Ginsberg, nos períodos de reclusão e meditação, incluindo seu estágio em um mosteiro Hare Krishna. E se pode falar em institucionalização de religião com relação a seu Naropa Institute. Contudo, seu mentor o monge tibetano Chögyam Trungpa Rinpoché, adepto das ramificações Kagyü e N'yingma do budismo Vajraiana, foi um devasso, um completo desregrado. Sua interpretação do Shambhala, o "caminho do guerreiro", correspondia ao exercício da liberdade absoluta.[28] Portanto, o que Ginsberg apoiou, instituiu e passou a conduzir após a morte de Trungpa foi o legado de um desenfreado antinomista, que chegou a provocar escândalo por obrigar participantes em suas reuniões a tirarem a roupa em público.

A propósito de antinomismos, é possível ainda refinar categorias no exame de comportamentos religiosos. No vasto e diversificado campo dos antinomismos, das manifestações heréticas e blasfematórias, distinguindo entre aquelas que formaram instituições, mesmo à margem, e nas quais há subordinação a um líder, por vezes despótico, como parece ter sido o caso dos Frank, Boullan e Crowley; e outras que derivam de revoltas populares e efetivamente correspondem à designação de "anarquismo místico".

Principalmente, cabe com relação à maioria dos integrantes da Geração Beat falar em "religiões pessoais" – o termo é usado por Olson, remetendo com propriedade a Schlegel e à primeira geração romântica. O comentário desse ensaísta é sobre Corso, mas pode ser aplicado a outros integrantes daquele movimento:

> De sua crítica dessas leituras [*de autores românticos*] ele [*Corso*] recolheu um ponto de vista que o põe no mesmo grupo que Ginsberg e Kerouac e Burroughs, em termos de criação de uma religião pessoal. Schlegel escreveu: "Apenas aquele que tem uma religião de si mesmo e uma concepção original do infinito pode ser um artista [...]". (Olson, 2002, p. 66)

Um dos aspectos ou dimensões dessa religiosidade e diversidade religiosa pós-iluminista corresponde ao que Octavio Paz

---

28. Mais sobre Trungpa em http://pt.wikipedia.org/wiki/Trungpa_Rinpoché e http://en.wikipedia.org/wiki/Chögyam_Trungpa. Um retrato bem desfavorável, relatando escândalos e controvérsias, na biografia de Ginsberg por Miles.

chamou, em *Os filhos do barro*, de "Religiões românticas: heresias, sincretismos, apostasias, blasfêmias, conversões", referindo-se às devoções de Novalis e Nerval (Paz 1984, p. 69). Novalis chegou a apresentar Jesus Cristo, em um de seus *"Geistliche Lieder"* (*Cânticos espirituais*), como um restaurador do panteísmo pagão. Nerval declarou professar dezesseis religiões e identificava, em um sincretismo total, Jeová e Júpiter, titãs e amalecitas em *As quimeras*; e sua amada Jeny Collon ao mesmo tempo a Vênus, Isis e à Virgem Maria em *Aurélia* (cf. Willer, 2010).

Uma abordagem semelhante à de Paz é proposta por um autor mais recente, Roberto Calasso, em *A literatura e os deuses*: banidos pelo cristianismo e subsequentemente pelo cientificismo, os antigos deuses pagãos retornam, para esse ensaísta, através do que chama de "literatura total", fazendo-se presentes em Baudelaire, Lautréamont, Mallarmé e outros modernos (Calasso, 2004). Algo bem distante, portanto, da piedade popular observada por Spengler ao escrever sobre a "segunda religiosidade".

Em que pese a diversidade das fontes, escolhas de cultos e doutrinas dos beats, dois poetas – e dois críticos da religião institucional – foram tomados como profetas de uma nova religiosidade, ou da recuperação e atualização de antigas religiões.

Um deles, William Blake, arquétipo do poeta-profeta (intitulou um conjunto de seus poemas de maior envergadura de *Prophetic Poems*) e individualista radical, inassimilável não só à religião instituída, mas às seitas (apesar de sua formação swedenborguiana, criticou esse visionário em *O casamento do Céu e do Inferno*).

O outro, Walt Whitman, com proclamações como esta, do prefácio da primeira edição de *Folhas de relva*:

> Em breve não existirão mais sacerdotes. O trabalho deles está feito. Eles podem esperar um pouco ... talvez uma ou duas gerações ... sumindo gradualmente. Uma raça superior deverá tomar o seu lugar ... as gangues do kosmos e os profetas da

massa tomarão seus lugares. Uma nova ordem deve surgir, e eles devem ser os sacerdotes do homem e cada homem será seu próprio sacerdote. As igrejas erigidas sob suas sombras devem ser as igrejas dos homens e das mulheres. Através da sua própria divindade o kosmos e a nova raça de poetas devem ser os intérpretes dos homens e das mulheres e de todos os acontecimentos e coisas. (Whitman, 2005, p. 41)

"A nova raça de poetas": teria Whitman antecipado os beats? Ou eles justificaram suas tomadas de posição através das mensagens do bardo norte-americano? A resposta é afirmativa, certamente, para Ginsberg, que em tantas ocasiões parafraseou Whitman. Esse, por sua vez, no trecho citado, deu seguimento ao modo como Blake já havia apostrofado a religião institucional em *O casamento do Céu e do Inferno*:

> Os poetas da Antiguidade animaram todos os objetos sensíveis com Deuses ou Gênios, nomeando-os e adornando-os com as propriedades dos bosques, lagos. cidades, nações e tudo o que seus dilatados sentidos podiam perceber.
> Particularmente, estudaram o Gênio de cada cidade & país, colocando-o sob a égide de sua deidade mental.
> Até que se formou um sistema, do qual alguns se aproveitaram e escravizaram o vulgo, interpretando e abstraindo as deidades mentais de seus respectivos objetos. Então surgiu o Clero;
> Elegendo formas de culto dos mitos poéticos.
> E proclamando, por fim, que assim haviam ordenado os Deuses.
> Os homens então esqueceram que Todas as deidades residem em seus corações. (Blake, 2007, p. 27)

Para Blake, Whitman e outros cultores de religiões pessoais, as igrejas organizadas não possibilitam o acesso ao sagrado, porém o sequestram ao institucionalizá-lo e monopolizá-lo, impondo dogmas e a obediência à hierarquia clerical.

Na literatura beat, especialmente em Ginsberg e Kerouac, há insistência em expressões como "santidade", "revelação", "êxtase": nas experiências religiosas de caráter pessoal, subjetivo, quando o adepto ou praticante vivencia a transcendência e sente haver conseguido o acesso a um conhecimento superior.

São, por definição, as experiências místicas, entendendo-se misticismo como a relação individual com o sagrado e como um modo de experiência religiosa e de expressão sempre na fronteira da transgressão, da ruptura com a religião instituída, normativa, frequentemente ultrapassando essa fronteira, e assim caracterizando-se como heresia. Místicos são rebeldes religiosos por excelência, mesmo quando mais tarde reabilitados – casos exemplares são os de San Juan de la Cruz, santo na igreja católica, mas que estava na prisão quando escreveu o *Cântico espiritual*; de Santa Tereza d'Ávila, canonizada, porém severamente vigiada em sua clausura pela inquisição; de Mestre Eckhart, inicialmente tomado por mestre e depois destituído; e, no campo protestante, de Jacob Böhme, a quem foi imposto silêncio pelo pastor local.

É possível apresentar mais interpretações da religiosidade beat. Uma delas, não mais valendo-se das teorias gerais da História e situando-a na série cronológica, porém contextualizando-a no quadro da Guerra Fria, do grande confronto entre o socialismo "real", conforme o modelo soviético, e a sociedade burguesa. Confronto, também, entre duas posturas frente à religião: materialismo e ateísmo, de um lado (lembrando os motivos religiosos alegados por Ginsberg nos episódios de suas expulsões de Cuba e da Tchecoslováquia em 1965), e monoteísmos cristãos, de outro.

Assim como o anarquismo predominante entre os beats se apresentou como alternativa à dualidade da Guerra Fria no campo da ideologia política, o mesmo ocorreu com as doutrinas religiosas e respectivas crenças. Diante dos dois blocos, do monoteísmo institucional e do materialismo ortodoxo, apresentaram o que Snyder (no trecho já citado) caracterizou como "terceira via": aquela da religião pessoal, do sincretismo, pluralismo e heterodoxia; da liberdade, inclusive no modo de relacionar-se com a esfera transcendental ou com camadas mais profundas do próprio ser.

Além da política, também a sociologia pode ser convocada para interpretar a religiosidade beat. Em especial, tomando a distinção clássica entre sociedade e comunidade, de Ferdinand Tönnies. Opositores e contestadores da sociedade de massas tomaram o partido da comunidade e de manifestações ou expressões religiosas que podem ter função em comunidades e pequenos grupos, à margem das grandes instituições.

Finalmente, é importante observar que movimentos vanguardistas se caracterizaram pela retomada do arcaico.[29] Nisso, prosseguiram uma tradição romântica. A Geração Beat, pelo modo como influenciou não apenas a escrita, mas também o comportamento, foi o movimento literário de maior impacto extraliterário dentre os que marcaram o século XX; e também aquele cujos integrantes mais se empenharam na promoção do retorno do arcaico. Não é o tradicionalismo, a religiosidade conservadora de poetas, como Eliot e Paul Claudel, porém uma ampliação dos campos da cultura e da consciência; a reintegração do que havia sido recalcado pelas religiões oficiais e pelas ideologias deterministas e mecanicistas do progresso, quer fossem conformes ao paradigma burguês ou àquele que se apresentou como marxista. Em suma, de uma modalidade de holismo; de uma aspiração ao conhecimento total.[30]

---

29. Esse tópico será retomado, em maior detalhe, no capítulo final.
30. O termo "holismo" é introduzido aqui com todos os cuidados e ressalvas quanto às generalizações simplificadoras em voga a pretexto dessa doutrina, os paralelos do "sopro de Brahma" do hinduísmo com hipóteses científicas sobre a gênese do Universo, ou a teoria quântica para "explicar" fenômenos paranormais e aparentes rupturas da causalidade.

Tudo isso, holismo, religiosidade pessoal, aproximações ou valorização da experiência mística, estudo e interesse de doutrinas esotéricas, já havia caracterizado grupos e autores do romantismo. Comparando-os aos beats, esses podem ser apontados como beneficiários de uma ampliação do conhecimento; em especial, dos estudos de história das religiões e da antropologia. Dispunham de novas alternativas, outras possibilidades de escolha dentre as modalidades de experiência religiosa: o orientalismo romântico foi de segunda mão, à distância; o interesse por heresias e cultos estranhos, já forte no Iluminismo, era comprometido pela escassez de documentação.

Já os beats receberam influência direta, através da proximidade moderna com tudo o que, genericamente, se costuma denominar de "Oriente", incluindo a quantidade e diversidade de doutrinas, seitas, modos de experiência, devoções e cultos associadas ao hinduísmo, budismo, taoismo. E, principalmente, através dos avanços em antropologia e história das religiões, possibilitando conhecimento e melhor compreensão do arcaico, de cultos e religiões tribais.

A heterodoxia e diversidade religiosa dos beats equivale àquela no plano da própria criação literária. Em comum houve, é certo, uma defesa da espontaneidade, do registro da experiência imediata, da escrita na primeira pessoa, tal como exposto por Kerouac em uma declaração utilizada como prefácio a uma coletânea de seus poemas, na qual critica formalistas e a literatura mais universitária:

> A nova poesia americana tal como tipificada pela SF Renaissance [...] é uma espécie de velha-nova poesia Zen lunática, escrevendo o que vier à sua cabeça assim como vier, poesia de volta à sua origem, a criança bárdica, verdadeiramente ORAL como disse Ferlinghetti, no lugar dos cinzentos sofismas da Academia. Poesia & prosa por muito tempo havia caído nas mãos falsas dos falsos. Esses novos e

puros poetas confessam-se pela mera alegria da confissão. Eles são CRIANÇAS. Eles também são Homeros de barba grisalha como crianças cantando nas ruas. Eles cantam, eles dançam.[31] É diametralmente oposta à ordem de Eliot, que de modo tão sombrio proclama suas leis tristonhas e negativas como o correlato objetivo etc. que são apenas um monte de constipação e total emasculação do puro impulso masculino para cantar livremente. Apesar das secas regras que ele propôs, sua poesia é, ela mesma, sublime. Eu podia dizer mais um monte de coisas, mas não tenho tempo nem teria sentido. (Kerouac, 1971, na abertura)

As oficinas literárias na Jack Kerouac School foram criadas por Ginsberg, Anne Waldman e outros atendendo a esses valores, com a finalidade de desenvolver tais aptidões, assim estimulando a espontaneidade na criação poética. Espontaneidade foi um valor mais geral, de uma rebelião antiformalista e antiacadêmica, representada também por grupos de poetas afins, como aqueles do Black Mountain College. É o que se vê, por exemplo, nas recomendações de Charles Olson e Robert Creeley, de escrever textos de modo direto, sem saber como iriam terminar (como nos depoimentos sobre criação colhidos em Plimpton, 1999).

Mas o conjunto dos integrantes da Geração Beat não pode ser considerado uma "escola" literária. Não houve propriamente um *paideuma*; ou então foi tão amplo que nele cabiam os narradores realistas a exemplo de Thomas Wolfe, hiper-realistas como Céline, visionários românticos como Blake, e objetivistas como Pound e Williams.

O mesmo vale para as posições propriamente políticas. A literatura beat e a atuação de alguns de seus expoentes estimularam manifestações e rebeliões de jovens. Mas é possível identificar dois polos. Um deles, da participação ativa, representado principalmente por Ferlinghetti, o mais próximo dentre eles à

---

31. No original, o intraduzível "They sing, they swing".

militância de esquerda marxista, e por Ginsberg e McClure. Outro, do ceticismo de Corso e Burroughs, quando não da rejeição total por Kerouac, expressada de modo cada vez mais categórico, como em sua entrevista à *Paris Review*, em 1968, na qual insistiu no caráter plural da beat:

> A sensação de comunidade foi largamente inspirada pelas mesmas pessoas que já mencionei, como Ferlinghetti e Ginsberg. Eles vivem com a cabeça cheia de socialismo e querem que todo mundo viva em uma espécie de kibutz frenético, com companheirismo e tudo mais. Eu era um solitário. Snyder não é igual a Whalen, Whalen não é igual a McClure, eu não sou igual a McClure. McClure não é igual a Ferlinghetti, Ginsberg não é igual a Ferlinghetti, mas todos nós gostávamos de tomar vinho, de qualquer maneira. Conhecíamos milhares de poetas e pintores e músicos de jazz. Não havia uma "turma beat", como você falou... O que me diz de Scott Fitzgerald e sua "turma perdida", ou de Goethe e da "turma de Wilhelm Meister"? O assunto é muito chato. Me passa aquele copo.[32]

---

32. A entrevista de Kerouac para Ted Berringan em 1968, publicada em livro, também está disponível em http://www.tirodeletra.com.br/entrevistas/JackKerouac.htm e http://www.revistabula.com/posts/traducao/a-ultima-entrevista-de-jack-kerouac-.

3
UMA ELITE LÚMPEN

A pluralidade religiosa, política e literária no âmbito da Geração Beat também pode ser associada ao perfil de seus integrantes. Reunir desde o filho de um morador de rua como Neal Cassady até o descendente de uma elite econômica como Burroughs, e do autodidata Corso, que conheceu literatura na cadeia, até Ferlinghetti, doutorado na Sorbonne (como beneficiário de uma bolsa em favor de veteranos de guerra – apesar de a família de Ferlinghetti também ser pobre), a diferencia de movimentos europeus.

Conforme já observado (cf. Willer, 2009, p. 21), pela primeira vez rebeliões artísticas antiburguesas não foram encabeçadas exclusivamente por burgueses dissidentes e aristocratas excêntricos. Vanguarda literária com adesão de proletários? Antes, proletarização voluntária – ou subproletarização, levando em conta suas ocupações antes de se tornarem famosos.

Kerouac foi marinheiro e, conforme seus relatos autobiográficos e a ficha que preparou como prefácio de *Viajante solitário* (Kerouac, 2006), ajudante de cozinha, lavador de pratos e balconista em bares, guarda-freios em ferrovias, frentista em postos de gasolina, carregador de malas, colhedor de algodão, guarda-florestal, redator de sinopses de filmes. Ginsberg trabalhou como marinheiro, lavador de pratos e faxineiro, além de redator e pesquisador de mercado. Burroughs, não obstante sua origem e graduação em Harvard, foi balconista de bar, operário em fábricas, oficial de justiça, exterminador de insetos (o emprego de que mais gostou, no qual chegou a permanecer por oito meses, como relatado no depoimento publicado em *Alma Beat*) – em acréscimo, um fracassado plantador de maconha em uma fazenda no Texas e ladrão de bêbados que dormiam na rua em Nova York, em companhia de amigos marginais como Herbert Huncke e Bill Garver. Cassady foi guarda-freios em ferrovias, manobrista em estacionamentos, motorista (profissionalmente, e não só na diversidade de aventuras, desde os trajetos relatados em *On the Road* até o ônibus de distribuidores de LSD liderado por Ken Kesey e seus "*merry pranksters*"[33] em 1965), frentista de posto de gasolina, borracheiro e até mesmo vendedor de porta em porta de enciclopédias e de panelas de pressão – tudo isso, somando-se a seu retrospecto como delinquente juvenil.

Mais que ao proletariado, a beat se associou aos lúmpen, ao estrato inferior ou marginal da sociedade. Àquele que Marx havia desqualificado em *O dezoito brumário de Luís Bonaparte*, incluindo nessa categoria igualmente a mendigos, marginais, subempregados e artistas boêmios:

> [...] havia vagabundos, soldados desligados do exército, presidiários libertos, forçados, foragidos das galés, chantagistas, saltimbancos, lazzaroni, punguistas, trapaceiros, jogadores, maquereaus, donos de bordéis, carregadores, literati, tocadores de realejo, trapeiros, amoladores de facas, soldadores, mendigos – em suma, toda essa massa indefinida e desintegrada, atirada de ceca em meca, que os franceses chamam la bohème; com esses elementos afins Bonaparte formou o núcleo da Sociedade de 10 de Dezembro [...] (*apud* Willer, 1976, p. 17)

---

33. "Prankster", termo de difícil tradução, é alguém que prega peças; por isso, em português se chegaria a uma expressão redundante, algo como "alegres brincalhões". O trajeto de Kesey e seus adeptos, inclusive Cassady, foi relatado em um clássico do "new journalism", *The electric cool-aid acid test*, de Tom Wolfe. Agora, circula o belo documentário *The Magic Trip* (2011), de Alison Ellwood e Alex Gibney, montado através da utilização do que foi filmado durante aquela viagem.

Não constam, entre os integrantes da beat, tocadores de realejo, trapeiros, amoladores de facas e soldadores. Outras ocupações, dentre aquelas listadas por Marx, estiveram, contudo, representadas. E o equivalente em meados do século XX ao que Marx designou como "la bohème" seriam os *hipsters*.

Marx argumentou que o lumpemproletariado se deixava comprar; por isso aderira ao golpe de Napoleão III. Mas entre os beats a marginalidade jamais resultou em cooptação. E a crítica marxista aos lúmpen, conforme observado em um ensaio recente (de Robert Holton, em Holton, 2009, p. 60 e segs), tem razões adicionais. Uma delas é a indiferença ou alheamento da boemia com relação à luta de classes, mais que pela cooptação ou adesão aos detentores do poder. Outra é sua diversidade: a própria descrição dos lúmpen por Marx, no trecho citado, mostra que tudo cabe nessa categoria, abrangendo desde integrantes de elites até os mais miseráveis mendigos, os verdadeiros lúmpen (lembrando que o vocábulo significa, em alemão, andrajos ou farrapos). Portanto, um segmento ou estrato inassimilável ao paradigma da luta de classes pela heterogeneidade, por seus integrantes não serem nem aristocratas, nem burgueses, nem proletários. Mas essa característica dos lúmpen, sua diversidade, também explica a afinidade dos beats entre eles: justamente por não se enquadrarem nos padrões majoritários de conduta; por discreparem da massificação nas sociedades modernas. Consequentemente, podem ser vistos como metáforas vivas da rebelião e do inconformismo, algo que Snyder observou, como se rebatesse a crítica de Marx: "A luta de classes significa pouco àqueles que, em suas mentes e vidas, abandonaram todas as classes" (Snyder, 2005, p. 182).

No entanto, a história desmente tanto a crítica de Marx à boemia quanto aquela de Snyder ao paradigma da luta de classes. O ambiente beat, quer fosse aquele de Nova York ou o de São Francisco, era a boemia; e essa já tinha história. Há uma perfeita linha de continuidade com relação ao que se passava no Greenwich Village, em Nova York, e em redutos equivalentes de outras metrópoles no começo do século XX. A agitação boêmia confundia-se com a mobilização política: os ambientes frequentados, por exemplo, por Henry Miller por volta de 1920, relacionando-se com figuras que só não fizeram parte de uma crônica beat por algumas décadas de distância, eram os mesmos nos quais se consolidavam os movimentos operários, o nascente sindicalismo. Boêmios, marginais e militantes compunham a audiência de Emma Goldman e John Reed. É o que mostram os bons relatos sobre o período. Por exemplo, ao ler-se a biografia de Henry Miller por Robert Ferguson (1991, p. 120-173); por sua vez, baseando-se em estudiosos do período como Malcolm Cowley, espanta a semelhança de episódios, personagens e ideias (inclusive uma espécie de caldo de cultura nietzschiano e spengleriano nos dois períodos). A diferença, merecedora de um debate mais aprofundado: os rebeldes de 1920 constituíram-se em *lost generation* e migraram para a Europa; aqueles dos anos de 1940-1950 ocuparam os Estados Unidos.

A propósito, a costumeira ligação dos beats aos *baby boomers*, os jovens beneficiários da prosperidade norte-americana no pós-guerra das décadas de 1950 e 1960, é simplista e reducionista. Conforme observei em *Geração Beat* e em outras ocasiões, esse movimento formou-se nos anos de 1943/1944; portanto, antes do ciclo de expansão econômica norte-americana. Tornou-se notório por volta de 1954/1955, depois que o grupo de Nova York – então já acrescido de Cassady e Corso – se encontrou com os poetas ligados à San Francisco Renaissance: Ferlinghetti, Snyder, McClure, Philip Whalen. Mas a San Francisco Renaissance também prosseguia em movimentos locais formados na década de 1940, em íntima associação com uma tradição anarquista de São Francisco, cidade cosmopolita e berço de movimentos operários, que vinham desde o começo do século XX.

A crítica beat não visava apenas ao bem-estar, porém seu importante correlato naquele contexto: a massificação, expressão máxima do conformismo. Há sincronia com o que publicavam, na mesma época, pensadores e cientistas sociais: C. Wright Mills, Paul Goodman, Herbert Marcuse (em *One Dimensional Man*, aqui traduzido como *Ideologia da sociedade industrial*), David Riesman, Erich Fromm, entre outros. Isso é bem observado por Holton (em Holladay e Holton, 2009, p. 66 e segs.), ao empreender a reavaliação do alcance e papel subversivo de boêmios e lúmpen, por seu inconformismo.

Mas eles não se limitaram a formular críticas, a exemplo do libelo de Kerouac contra a massificação na abertura de *Vanity of Duluoz*. Encarnaram-nas, ao se recusarem a integrar-se. Foi o que aconteceu com o autor de *On the Road*. Ao morrer, em 1969, famoso, porém isolado, tinha dezenove dólares em sua conta bancária (ironia: em maio de 2001, o rolo com o original de *On the Road*, escrito em três semanas, em abril de 1951, seria arrematado em leilão por 2.420.000 dólares, um recorde na categoria).

Cherry Valley, a fazenda de Ginsberg no estado de Nova York, nunca foi Graceland, a suntuosa mansão de Elvis Presley: comunidade rural, lá eram abrigados e amparados beats menos afortunados ou em dificuldades. E o dinheiro que Ginsberg ganhava por direitos autorais e honorários de apresentações e palestras era destinado a uma fundação, criada não só com a intenção declarada de não pagar impostos, evitando subvencionar o militarismo norte-americano (Ginsberg, 2002, p. xvii), mas para sustentar a comunidade de Cherry Valley e, em seguida, iniciativas como o Naropa Institute e a Jack Kerouac School of Disembodied Poetics. Migrar da editora City Lights para a Harper Collins, e assim mudar de escala em rendimentos com direitos autorais, foi uma decisão difícil para Ginsberg, protelada até a década de 1980 (Miles, 1989, p. 521).

Ferlinghetti poderia ter transformado a City Lights, sua livraria-editora, em corporação editorial, mas recusou-se a fazê--lo. Corso levou vida errante e não teve bens pessoais. O modo de vida de Snyder, budista praticante, continuou a ser o mesmo, de extrema simplicidade, relatado em *Os vagabundos iluminados*

(*The Dharma Bums*), de Kerouac, e em seus próprios poemas e crônicas (mais em Snyder, 2005). Todas as demais biografias de autores beat são igualmente exemplares: alguns, como Ginsberg, chegaram a um padrão de vida confortável, mas nunca acumularam fortuna ou bens, mesmo tendo a seu alcance os benefícios decorrentes da fama.

Isso, além dos tipos, das figuras mais excêntricas. Literatura e marginalidade cruzam-se, historicamente, e François Villon é personagem emblemático. O simbolismo francês teve seu poeta louco, místico e mendigo (e de excelente qualidade): Germain Nouveau, por sua vez interlocutor e companheiro de viagens do arquétipo do poeta-marginal, Rimbaud (foi a Nouveau que Rimbaud entregou, em Londres, em 1873, os originais de *Iluminações*). Mas a beat foi inigualável no quesito marginalidade. E não só pela presença de Cassady, que havia, conforme declarou no autobiográfico *O primeiro terço*, roubado quinhentos automóveis antes de completar dezessete anos (Cassady, 2007, p. 170). Corso, também menino de rua, saiu de um presídio de segurança máxima, mas onde havia biblioteca, para a vida literária; contudo, continuou a proceder como metamarginal: além da vida errante, do período em que foi viciado (o que o prejudicou bastante), agia como um incessante provocador, tendo como alvos até mesmo seus parceiros beat. A crônica de suas temporadas em Naropa para dar cursos é estarrecedora: inclui, além de perseguições por traficantes e outros confrontos, destruir a coleção de discos de jazz de Ginsberg, acusando-o de apego a bens materiais (cf. Kashner, 2005, e Olson, 2002, p. 3 – ambos, alunos de Corso em Naropa).

Huncke, traficante e ladrão, repetidas vezes preso, foi, porém, autor de dois livros de qualidade, com boa prosa poética, *The Evening Sun Turned Crimson* (*O sol do anoitecer tornou-se escarlate*) e *Guilty of Everything* (*Culpado de tudo*). Outros personagens associados à beat também fizeram parte da marginália. Um deles foi Bill Garver, o amigo de Burroughs que foi vizinho de Kerouac no México durante o período relatado em *Tristessa* e

Anjos da desolação. Viciado em heroína, traficante e ladrão (sua especialidade, o furto de casacos e mantos em restaurantes), porém literariamente culto: quando preso, dava aulas sobre Mallarmé e história da Antiguidade para os demais detentos, segundo relata Kerouac.

Houve piores, como Ray Bremser: poeta e também traficante e viciado em heroína, foragido da prisão e refugiado no México, levou consigo a esposa, a também poeta Brenda Frazer. Ela chegou a prostituir-se para sustentar o vício de ambos, até não suportar mais aquela vida, entregar o filho deles para adoção e retornar aos Estados Unidos. Acolhida por Ginsberg, recuperou-se em sua fazenda de Cherry Valley e iniciou uma nova vida (Knight, 1996, p. 270).

Além desses marginais completos, houve ainda tipos, excêntricos, mas com valor literário, a exemplo de Bob Kaufman, nascido em Nova Orleans, filho de um judeu ortodoxo e uma negra da Martinica, católica. Declamador errante, sua *jazz-poetry*, improvisada na hora, era anotada por sua mulher, a jornalista Eileen Kaufman. Chegava a circular no meio do trânsito, enfiando a cabeça em automóveis parados e obrigando motoristas presos no congestionamento a ouvir os poemas. Após o assassinato de John F. Kennedy, em 1963, fez voto de silêncio e passou dez anos sem dizer uma palavra. Outro personagem do mesmo calibre foi o também afrodescendente e poeta-jazzista (além de artista plástico) Ted Joans, que migrou para a França e integrou-se ao grupo surrealista de André Breton, para acabar indo morar em Timbuktu, no Mali.[34]

Isso não desvincula a Geração Beat do ciclo de prosperidade dos Estados Unidos e do capitalismo no pós-guerra. Apenas enriquece o exame dessa relação; torna-o menos mecanicista ou determinista. Em períodos de prosperidade é mais viável

---

34. Sobre Kaufman, http://en.wikipedia.org/wiki/Bob_Kaufman ou http://www.poets.org/poet.php/prmPID/692 ; sobre Joans, http://www.beatmuseum.org/joans/TedJoans.html e http://www.tedjoans.com/.

ser marginal, viver de sobras do sistema, achar subempregos. O desenvolvimento econômico cria condições para a formação de público leitor; e o crescimento de um mercado de bens culturais pode favorecer a produção independente – desde, é claro, que o mercado não se constitua em monopólio ou oligopólio fechado.

Só nesse contexto se entende como um empreendimento nos moldes da City Lights de Ferlinghetti deu certo; e, mais ainda, algo como a revista *Beatitude*, de Bob Kaufman, ou a editora Totem e a revista *Yugen*, absolutos redutos *underground* conduzidos por LeRoi Jones (Amiri Baraka), sua esposa e também poeta Hettie Jones (outro caso dramático de opção: judia, renegada pela família ao casar-se com um gentio e ainda por cima negro) e Diane di Prima (Knight, 1996, p. 184).

Mas é emblemático que, em *On the Road*, o automóvel mais maltratado daqueles utilizados por Kerouac e Cassady fosse uma limusine Cadillac, a marca que, ao longo da década seguinte (o episódio, do terceiro ciclo das viagens narradas por Kerouac, do percurso de Denver até Nova York, passando por Chicago, se passa no final de 1949), viria a ser um ícone do luxo, da exibição de prosperidade. A destruição do veículo na viagem de Denver a Chicago, até ser reduzido a "um troço arruinado e enlameado" (Kerouac, 2008, p. 297), ocupa páginas que estão entre as mais cômicas dessa narrativa – aliás, produzindo um belo efeito literário pelo contraste com outros episódios daquela viagem, a mais sombria, em que Kerouac e especialmente Cassady mais transgridem, enfrentam desconfortos e privações e se comportam como marginais – e na qual mais insistem no tema da epifania ou revelação.

É possível apresentar interpretações políticas dessa presença forte de marginais na Geração Beat, observando o esgotamento do papel revolucionário do proletariado industrial, sindicalizado e acomodado nas economias modernas. Consequentemente, de uma transferência dessa função como agitador ou perturbador da ordem: essa parece ser a interpretação sustentada por Hakim Bey.

No entanto, marginais rebeldes, presentes em movimentos sociais, também correspondem a uma tradição. Antinomismos e revoltas religiosas contaram, historicamente, com a adesão dos excluídos. Assim foi com os heréticos do Espírito Livre e outros dissidentes estudados por Cohn: seu maior contingente estava entre mendigos, os *begghards* ou begardos, excluídos da organização medieval em corporações. Um artigo recente, sobre Marguerite Porete, líder dos begardos, praticamente identifica os dois movimentos, dos mendigos medievais e dos seguidores do Espírito Livre (Ceci Batista Mariani, em Teixeira, 2012). E Scholem observou a "aliança de dois grupos sociais", "os versados e os ignorantes", compondo os antinomismos judaicos, o sabataísmo e o frankismo:

> Nos grupos sabataístas, em especial os que se organizaram em volta de Frank, temos a seguinte composição: por um lado, talmudistas e cabalistas eruditos e banhados pelas águas da dialética e, por outro, gente do povo e também, se nos basearmos nos relatórios dos contemporâneos [...], os mais pobres dos pobres, *lumpenproletariat*, o proletariado dos mendigos. (Scholem, 1999, p. 176)

No entanto, permanece uma diferença fundamental marcando a atração do lúmpen pelos beats, e seu equivalente em rebeliões religiosas: no século XX, atraía-os a poesia, e não mais uma doutrina religiosa.

Ademais, houve um movimento pendular, uma oscilação entre o lúmpen e a elite cultural. Cassady veio a Nova York trazendo seu currículo como delinquente, mas tentou inscrever-se em Colúmbia. Kerouac, depois de abandonar Colúmbia, frequentou regularmente, como bolsista beneficiado pela "G. I. Bill", os cursos e oficinas literárias da New York School for Social Research, de nível equivalente à extensão universitária, ou mais. Ginsberg, desligado de Colúmbia, completou sua graduação após exercer profissões estranhas, para matricular-se na década seguinte em Berkeley e a seguir, já publicado, voltar à marinha mercante, em uma viagem até as imediações do Polo Norte; e, poeta consagrado na década de 1960, levar por um tempo uma vida de *saddhu*, mendicante religioso, na Índia em companhia de Peter Orlowsky. Se fosse recortada a vida propriamente budista de Snyder, restaria um currículo acadêmico impecável. Corso, que saiu da cadeia em 1950 para a vida literária, logo a seguir frequentaria cursos de literatura em Harvard, onde colegas subvencionaram sua estreia com *Lady Vestal in Brattle*.[35] O Naropa Institute criado por Ginsberg e Chogyam Trungpa hoje é a Naropa University, com Anne Waldman à frente.

O exemplo mais acabado do trânsito entre dois mundos foi dado por Ginsberg. Superou em vida a oposição entre poeta maldito e olímpico. Quando o traduzi, em 1983, enviou-me seu "précis", a sinopse curricular: na mesma sequência, sua condição de membro da Academy of Arts and Sciences (o equivalente norte-americano da nossa ABL) e outras honrarias, e de conselheiro editorial de *The marijuana papers* e outras publicações tipicamente do *underground*. Ativista, frequentemente investigado e detido, porém usando sempre o broche de membro da Academia na lapela (como relata Edmund White, prefaciador de *Spontaneous Mind*).

Mas houve tensão nesse trânsito de beats por dois mundos, um socialmente periférico e outro central. Manifestação mais típica, o desconforto de Kerouac ao frequentar elites e com a celebridade depois de 1957 levou-o a isolar-se e a provocar situações constrangedoras e escândalos em aparições públicas. Para ele, rotina e criação artística eram incompatíveis, a julgar por este depoimento sobre como abandonou abruptamente a universidade de Colúmbia (em uma de suas cartas ao editor Don Allen):

> No colégio, futebol, que me levou à universidade de Colúmbia, mas larguei futebol para escrever (porque uma tarde,

---

35. *Brattle* é o chocalho da cascavel; mas o correto é traduzir o título como *Lady Vestal em Brattle*, pois há uma Brattle Street em Harvard.

antes do treino, eu ouvi a quinta sinfonia de Beethoven e havia começado a nevar e eu soube que queria ser um Beethoven em vez de ser um atleta). (Kerouac, 1977, p. 39)

O mesmo desconforto teve reflexos em suas relações amorosas e, principalmente, no tratamento literário dessas relações. A tentativa de reconciliação com sua primeira mulher, Edie Parker, é relatada em *On the Road* (em maior detalhe na versão original); e sua namorada de juventude em Lowell, Mary Carney, lhe inspirou a narrativa memorialística *Maggie Cassidy*; mas a vida burguesa e as mulheres desse estrato o entediavam. Duas de suas relações com mexicanas pobres teriam resultados literários: com Bea Franco, na Califórnia, no episódio idílico da primeira das viagens relatadas em *On the Road*; e com Esperanza Villanueva, a prostituta, viciada e traficante – tida por ele como santa – com quem se envolveu no México em 1955, inspirando-lhe *Tristessa*. E, principalmente, a relação breve, porém intensa com Mardou Fox (o pseudônimo dado a Alene Lee), negra e também descendente de índios, narrada em *Os subterrâneos*.

Tiveram sentido análogo as provocações encenadas por Ginsberg, várias vezes tirando a roupa em público, fazendo-se expulsar de Cuba e da Tchecoslováquia, convidando a poeta britânica Edith Sitwell para posar nua, jogando-se nu no colo de astros *pop* etc. (cf. Miles, 1989).

É correlata a tensão no plano da escrita entre o repertório culto e as aloglossias e toda sorte de gírias, de socioletos em Kerouac e Corso (como será examinado adiante); ou entre esse repertório culto, incluindo formas e termos litúrgicos, e pesadas obscenidades em Ginsberg.

Importa que os modos de vida beat não foram por circunstância, mas por opção. Isso é ilustrado pelo trecho de *Os vagabundos iluminados* atribuído por Kerouac a Snyder ("Japhy Ryder" no livro), com sua profecia de uma revolução de jovens de mochila às costas:

Pense na maravilhosa revolução mundial que vai acontecer quando o Oriente finalmente encontrar o Ocidente, e são caras como nós que podem dar início a essa coisa. Pense nos milhões de sujeitos espalhados pelo mundo com mochilas nas costas, percorrendo o interior e pedindo carona e mostrando o mundo como ele é de verdade para todas as pessoas. [...] eu quero que meus vagabundos do Darma carreguem a primavera no coração [...] (Kerouac, 2007, p. 209)

Mais tarde, Kerouac criticaria repetidas vezes os hippies inspirados nos beats e não os aceitaria como seguidores, argumentando faltar-lhes substância espiritual. Mas o trecho citado é programático: os hippies foram seus "vagabundos do Darma", tentando realizar essa "maravilhosa revolução mundial". E o título do livro, *The Dharma Bums*, condensa essa mística da adesão à marginalidade: sendo vagabundos, estavam conectados ao Darma, uma lei universal ou ordem cósmica.

4
Marginalidade e memória

Em poemas de Ginsberg como "Nota de rodapé para Uivo" há frases que são lemas ou profissões de fé, reafirmando a identificação do poeta ao marginal: "O vagabundo é tão santo quanto o serafim! o louco é tão santo quanto você minha alma é santa!". Ou: "santos os mendigos desconhecidos sofredores e fodidos santos os horrendos anjos humanos!", além de "Santos a banda de jazz marijuana hipsters paz & droga & sonhos!" (Ginsberg, 2010, p. 47).

Em outros poetas beats – Snyder, McClure, Corso, Ferlinghetti – também são encontradas apologias, em diferentes tons, do vagabundo e do marginal. Mas Kerouac foi o autor beat que mais elaborou metáforas da condição superior da marginalidade, apresentando-a como via para o conhecimento. Tratou vagabundos errantes como iniciados, sábios que, através de suas experiências, do trânsito pelo lado obscuro da realidade, tiveram acesso à gnose, à revelação de mistérios.

Nas crônicas de *Viajante solitário*, há uma declaração de princípios em um capítulo final intitulado "O vagabundo americano em extinção". Nele, denuncia a perseguição policial ao "rato de mochila, o tipo original de antigamente, que segue perambulando de cidade em cidade com as provisões e a cama às costas", disposto a "aturar algumas inconveniências como cobras e poeira por amor à liberdade absoluta" (Kerouac, 2006, p. 207). São os representantes de "uma ideia especial e definida de liberdade". Por isso, equiparados a poetas e líderes políticos:

Benjamin Franklin era uma espécie de vagabundo na Pensilvânia [...] Será que Whitman aterrorizava as crianças da Louisiana quando percorria a estrada aberta? [...] Teddy Roosevelt, vagabundo político – Vachel Lindsay, vagabundo menestrel, vagabundo maltrapilho. (idem, p. 210)

Vai mais longe em suas comparações: "Jesus era um estranho vagabundo que caminhava sobre a água. Buda também foi um vagabundo que não prestava atenção aos outros vagabundos".

Todos, portanto, vagabundos do Darma, sintonizados com a harmonia cósmica.

Para não deixar dúvidas quanto ao sentido místico da vagabundagem, menciona o comediante de sua predileção: "W. C. Fields – seu nariz vermelho explica o significado do mundo triplo, Grande Veículo, Veículo Menor, Veículo do Diamante" (idem, p. 211): tais veículos correspondem às três grandes ramificações do budismo, Hinayana, Mahayana, Vajrayana. Fields, que desempenhava papéis de vagabundo, é citado em *On the Road*, *Visões de Cody* e em outras de suas obras; e já vinha sendo elogiado em seus diários: "Como admiro W. C. Fields! Era um grande sujeito das antigas. Não há outro como ele. Vou escrever algo sobre ele em breve, minhas ideias pessoais" (Kerouac, 2006, p. 234) – e segue um parágrafo de citações e descrições de cenas protagonizadas pelo cômico.

Uma passagem lírica de *Viajante solitário* fecha o capítulo inicial do livro, sobre a vida ferroviária. É de um texto escrito por volta de 1952: *October on the Railroad Earth* ("Outubro na ferrovia Terra"), mais tarde incorporado a essa crônica de viagens. De sua especial predileção, foi subsequentemente apresentado em leituras públicas, das quais resultaram gravações.[36] É um cruzamento de metáforas sobre o valor da marginalidade. Kerouac conversa com um velho ferroviário, também uma espécie de marginal por sua vida errante; o trem parte; um jovem casal de mexicanos,

---

36. Está no álbum *Poetry for the Beat Generation*, Hanover Records e depois Vanguard Records.

marginais nos Estados Unidos, amam-se e comungam com a natureza, à beira da ferrovia.

Trazer despossuídos, marginais e marginalizados, pobres e vagabundos errantes para a narrativa em prosa já fazia parte de uma tradição da literatura norte-americana; da vertente de literatura social que teve Jack London entre seus iniciadores. Foi um autor especialmente importante para a formação de Kerouac, que o tomou como modelo ao ler *Saylor on a Horseback*, sua biografia por Irving Stone, publicada em 1938: "Li a vida de Jack London aos dezoito anos e também decidi me tornar um aventureiro, um viajante solitário" (Kerouac, 2006, p. 9). Conforme uma de suas cartas a Don Allen: "A primeira escrita 'séria' teve lugar depois que li sobre Jack London aos dezessete anos de idade. Como Jack, comecei a colar 'palavras longas' na parede do meu quarto, para memorizá-las perfeitamente" (Kerouac, 1977, p. 51).

Em *Vanity of Duluoz*, esclarece que as leituras de London foram em 1940, durante o repouso forçado após quebrar a perna em uma partida de futebol:

> [...] não tinha o que fazer e lia sobre a vida de Jack London, e pinçava palavras longas[37] que não conseguia memorizar, escrevia-as em letras grandes em recortes de papel e as pendurava na parede diante da minha cama, de modo que ao acordar lá estavam elas encarando-me: "Ubiquitous", "Subrreptitious", "Demonological", "Business", "Urine". (Kerouac, 1994, p. 59)

Dentre as obras de London, conhecia aquela intitulada *The Road*, comentada por Stone: é o relato de experiências na adolescência, viajando clandestinamente em trens na companhia de outros miseráveis atingidos pela crise econômica de 1893.

---

37. Preferi manter os "long words" de Kerouac / London – entenda-se, palavras "difíceis" – para melhor registro do sentido do trecho.

Evocar London interessa, não só pela afinidade, pelo que o autor de *O lobo do mar* tem de precursor evidente de Kerouac, mas por diferenças que contribuem para a melhor caracterização do beat.

Como se sabe, London foi socialista, um militante empenhado no combate à desigualdade (cf. a biografia por Stone). Kerouac foi um rebelde que nunca pactuou com a exploração e a injustiça; e, como já observado, abominou toda modalidade de elite e autoridade. Mas o quadro de referências de London para interpretar a história foi o marxismo. E aquele de Kerouac foi o Spengler de *A decadência do Ocidente*, leitura importante em sua formação mesmo antes de conhecer Burroughs, um spengleriano: já comentava a obra do historiador alemão, de grande prestígio naquele tempo, em sua correspondência de 1942/1943 com "Sammy" Sampas, seu colega de juventude e interlocutor literário – morto durante a Segunda Guerra Mundial, irmão de Stella Sampas, com quem Kerouac se casaria em 1967 (Kerouac, 2011, que traz essa correspondência em acréscimo a *O mar é meu irmão*, especialmente p. 393).

A poética e visão de mundo de London foi aquela de um realista e naturalista; inclusive, em um modo típico dos naturalistas, justificando o que escrevia através do conhecimento científico de seu tempo. Kerouac, além de concordar com as dúvidas lançadas por Spengler sobre as representações científicas do mundo (equiparadas àquelas religiosas em *A decadência do Ocidente*), foi um neoplatônico, para quem a realidade imediata era falsa e o verdadeiro conhecimento resultava da anamnese. Além disso, atribuiu qualidades aos vagabundos, e por extensão a toda sorte de excluídos, marginais e integrantes de minorias sociais, retratando-os como sábios ou videntes.

Um dos exemplos mais acabados dessa atribuição está logo no início de *On the Road*, no relato da primeira de suas viagens. Kerouac / Sal Paradise conhece, no que designa como "a mais incrível carona da minha vida", Mississippi Gene, membro de um grupo instalado na plataforma de um caminhão:

Embora Gene fosse branco, havia algo da sabedoria de um velho negro experiente nele, e algo que lembrava demais Elmer Hassel, o viciado de Nova York, mas era como se fosse um Hassel das estradas de ferro, um épico Hassel andarilho, cruzando e tornando a cruzar a nação anualmente, o Sul no inverno, o Norte no verão, apenas porque não havia nenhum lugar onde pudesse permanecer sem cair no tédio e também porque não havia nenhum lugar para ir senão todos os lugares, rodando sempre sob as estrelas, especialmente as do Oeste. (Kerouac, 2004, p. 48)

Mississippi Gene representa a exceção, a minoria social. Por conseguinte, detém a "sabedoria": a mesma dos negros e dos delinquentes como Huncke (Hassel em *On the Road*). Kerouac lhe pergunta sobre outro vagabundo: Big Slim Hazard ou Louisiana Slim, a quem conhecera outrora: "Havia reminiscências tão indubitáveis de Big Slim Hazard no jeito de Mississippi Gene [...]". E Gene de fato o conhecera: "Sim senhor, é claro que eu conheço o Big Slim" (Kerouac, 2008, p. 49). Conversam, evocando Slim.

On the Road é à clef em sua versão final: a cada personagem corresponde alguém real. Mas nessa passagem há uma dupla chave, pois o pseudônimo dado no relato a um personagem real é, por sua vez, o apelido de alguém que de fato existiu. "Mississippi Gene" foi o companheiro de cela de Kerouac durante sua internação como louco, antes de ser dispensado do serviço militar na Marinha em 1942. Justamente, o Big Slim a quem o Mississippi Gene de *On the Road* conhecia.

É o que se vê através de biografias como a de Nicosia; pela comparação com a versão original de *On the Road*, na qual personagens comparecem com seus nomes verdadeiros; e, principalmente, através das passagens de *Vanity of Duluoz* nas quais Kerouac narra em maior detalhe como foram as duas semanas em um hospício militar.

Assim, através do vagabundo que lhe desperta "reminiscências indubitáveis", consegue saber de outro, cronologicamente precedente. A sobreposição de apelidos – o pseudônimo do personagem da narrativa ser o apelido real do outro – mostra que são equivalentes. Correspondem ao mesmo tipo: o vagabundo por livre escolha.

Mississippi Gene – aquele primeiro, biograficamente real – havia optado pela vagabundagem. A história dessa escolha é repetida como parábola recorrente em dois momentos da criação literária de Kerouac: um, inaugural, *On the Road*; outro, terminal, *Vanity of Duluoz*.

Em *On the Road*:

> [...] Big Slim Hazard, William Holmes Hazard, um vagabundo por opção. Quando criança tinha visto um vagabundo se aproximar para pedir um pedaço de torta à sua mãe, ela lhe deu, e, quando o vagabundo sumiu na estrada, o garoto, ainda pequeno, perguntou: "Mãe, quem é esse homem?" "Ora, um vagabundo." "Mama, quando crescer também quero ser um vagabundo." "Cale a boca, menino. Um Hazard não nasceu para isso." Mas ele jamais esqueceu aquele dia, e quando cresceu, depois de jogar futebol durante uma curta temporada na LSU, tornou-se de fato um vagabundo. (Kerouac, 2008, p. 49)

Em *Vanity of Duluoz*, é o próprio Mississippi Gene quem relata a história:

> Quando eu era garoto minha mãe pôs uma torta do lado de fora da janela em Ruston Louisiana e um "hobo" chegou e pediu-lhe se poderia ter um pedaço. Minha mãe lhe disse para servir-se. Disse a minha mãe: "Posso ser um 'hobo' algum dia, mãe?". Ela disse "Isso não é para gente como nós, os Holmes". Mas eu não segui o conselho dela e me tornei um "hobo" só por amor a vagabundar e toda essa ideia da torta. (Kerouac, 1994, p. 157)

Teria Kerouac ficcionalizado *On the Road*, e já na primeira versão, inventando o diálogo na plataforma do caminhão, introduzindo a evocação de um vagabundo real por outro? Não é impossível – mas tanto faz, pois o sentido, a dimensão simbólica do episódio se mantém. A escolha da vida errante e da pobreza por Mississipi Gene ou Big Slim vale como modelo de outras tantas atitudes do próprio Kerouac: ao largar o futebol e desligar-se da universidade de Colúmbia para ir trabalhar como ajudante em uma oficina mecânica; ao recusar a disciplina militar e fazer-se internar; mais tarde, ao fugir do sucesso literário e, ainda, romper com a contracultura e com a própria beat, como relatado em *Anjos da desolação* e em seus últimos artigos.

As "reminiscências indubitáveis" despertadas pelo vagabundo podem corresponder à anamnese, uma categoria platônica. Tem especial interesse o sentido desse termo na obra de Platão: não apenas como lembrança de algo, mas como memória arcaica, recuperação de um conhecimento perdido por ser de outro tempo, antes do nascimento, em uma origem.

É a reversão, conforme a doutrina da metempsicose adotada pelo filósofo, da consequência de mortos beberem a água do rio do esquecimento antes de retornarem a este mundo. Categoria marginalizada, é-lhe atribuído apenas valor poético, conforme um de seus estudiosos: "A maior parte dos comentaristas não fala do tema da anamnese. Não possui, a seus olhos, qualquer significação filosófica, e se situa entre os mitos, frutos da imaginação platônica" (Paisse, 1978, p. 15). Reflete o aspecto mais tradicionalista e arcaizante da filosofia platônica; seu débito ao pensamento mítico.

Através da argumentação de Sócrates no *Fédon*, essa categoria "empiricamente impossível" é associada à concepção do tempo circular, a uma visão do cosmo como rotação de opostos:

O *Fédon* desenvolve, assim, o argumento dos contrários: conforme uma antiga tradição, as almas renascem daqueles que estão mortos e passam alternadamente do Hades à terra e da terra ao Hades, da vida ao falecimento e do falecimento à vida. Como o declara Sócrates, "o nascimento dos vivos não tem absolutamente outra origem a não ser os mortos". O contrário nasce de seu contrário. Isso é verdade para o ser humano, mas pode-se verificá-lo para tudo aquilo que existe; entre outros, para o belo e o feio, para o justo e o injusto, para o grande e o pequeno; pois não é verdade que uma coisa não se torna bela, justa ou grande após ter sido não bela, ou seja, feia, não justa, ou seja injusta, não grande, ou seja pequena [...]? "Conhecemos desde sempre esse princípio de geração pelo qual, das coisas contrárias, nascem aquelas que lhes são contrárias" (70 B – 71 A) (idem, p. 30, em nota de rodapé).

Sobre o arcaico em Platão, indaga Paisse:

Orfismo? Pitagorismo? Fontes orientais? Essas três influências sem dúvida desempenharam um papel, sem que se saiba exatamente em que medida. [...] Seria preciso saber, em seguida, se Platão não transpôs, racionalizando-as, essas tradições arcaicas, assim dando-lhes uma nova significação. (idem, p. 78)

Chega-se à anamnese através da iniciação:

[...] o fenômeno da reminiscência não é mais [...] um exercício dialético, obra exclusiva da razão raciocinante. Não é mais apenas o fruto de uma atividade puramente intelectual; pertence ao domínio do irracional no qual podemos incluir a inspiração, a intuição e a divinação. Constitui um processo de conhecimento de ordem mística cujos critérios se distinguem daqueles que inspiram e regem a atividade racional. (idem, p. 41)

Eliade faz observações da mesma ordem. Resume: "Para Platão, aprender é, no fim das contas, rememorar". E observa, ao tratar da "ontologia arcaica" absorvida pelo filósofo, que "a teoria das ideias e a anamnesis platônica podem ser comparadas ao comportamento do homem das sociedades arcaicas e tradicionais" (Eliade, 1972, p. 111 e segs.).

Cabe lembrar que, na mitologia grega clássica, Mnemosine, deusa da memória e propiciadora da anamnese, é a mãe das musas: essas não são apenas regentes das artes, porém instauradoras ou criadoras do mundo e do próprio cosmo (mais a respeito na *Teogonia*, de Hesíodo, e no brilhante estudo de JAA Torrano, em Hesíodo, 2009).

A iniciação típica é aquela dos mistérios órficos: a reencenação do mito de Orfeu, patrono dos poetas, que desce ao reino dos mortos. Na afinidade declarada de Kerouac, Ginsberg e outros beats por marginais, por aqueles que vivem em mundos subterrâneos, assim como em passagens de suas próprias vidas, é possível a associação a essa etapa dos cultos de mistérios e do xamanismo. (cf. Eliade, 1951, e Dodds, 2002)

Em trechos dos mais citados na ensaística sobre *On the Road*, Kerouac dá sua versão desse tema ou tópico. São as quatro páginas em que Cassady e ele se põem a discorrer sobre "IT" ("AQUILO" na tradução brasileira). É algo imponderável, impossível de ser descrito no modo discursivo, porém captado através audição de um inspirado clarinetista:

> [...] O tempo para. Ele preenche o espaço vazio com a substância de nossas vidas; são confissões vindas do âmago de seu umbigo, lembranças de ideias, reinterpretações de velhos sopros. Ele tem que tocar cruzando todas as pontes, ida e volta, e tem que fazê-lo com infinito sentimento, explorando as profundezas da alma, porque o que conta não é a melodia daquele momento, que todos conhecem, mas AQUILO. (Kerouac , p. 254)

O músico equivale a Orfeu, capaz, através do poder de sua lira, de fazer a viagem de ida e volta. Dean / Cassady ainda relata uma experiência de infância, quando tinha oito anos e seu pai foi preso após absurdas jornadas vendendo papéis mata-moscas improvisados. Fala de seus sonhos de infância, de viajar a cavalo percorrendo o país, levando Kerouac / Paradise à observação de que

> [...] AQUILO era nossa alegria excitada e derradeira, a alegria que tínhamos de falar e viver e que nos conduzia ao transe vazio que punha fim a todos os inumeráveis pormenores angélicos e turbulentos que haviam estado à espreita em nossas almas durante toda a nossa vida. (idem, p. 257)

A alegria de voltar ao passado: de trazê-lo de volta? Essa terceira das viagens relatadas em *On the Road* é a mais sombria; aquela em que mais transgridem e destroem (inclusive o Cadillac já mencionado). Kerouac havia fracassado na tentativa de estabelecer-se em Denver. Cassady, com um ferimento na mão, é escorraçado: todos rompem com ele. Roubam um automóvel e cometem loucuras. Ficam sem dinheiro, passam fome, e Cassady, após uma espantosa série de predações sexuais, seduz um homossexual para conseguir dinheiro dele (uma das cenas atenuadas na versão final), mas nem isso dá certo. Procura inutilmente seu pai. Sem terem onde ficar, dormem em um cinema. Mas é no quadro dessa trajetória descendente que, paradoxalmente, têm a percepção da "nossa alegria excitada e derradeira", do "transe vazio" com que superam os infortúnios da vida material.

No começo de *On the Road*, na primeira etapa de suas viagens, Kerouac conhece um vagabundo iluminado. Ao final da terceira viagem, ele e Cassady se transformaram em vagabundos, completos marginais: por isso, recebem a iluminação.

A valorização do arcaico e a percepção da realidade imediata como ilusória: isso justificaria interpretar Kerouac e outros beats como adeptos de Platão? Talvez, porém em um sentido muito amplo, tal como manifesto no julgamento de Samuel Taylor Coleridge, citado por Jorge Luis Borges, de que "todos os homens nascem aristotélicos ou platônicos" (Borges, 1985, p. 25; cf. Willer, 2010, p. 136). Dividindo os seres humanos, desse modo, em duas grandes famílias, então os beats pertencem, majoritariamente, à família platônica.

Mas em Kerouac observa-se platonismo ao pé da letra, adotando categorias do filósofo, e não apenas genérico, como visão de mundo e crítica do real imediato. Em *Anjos da desolação* afirmaria, de modo preciso e até didático, sua crença na anamnese platônica, no sentido místico ou arcaico (adotando a terminologia de Eliade e Paisse):

> É que nem aqueles filósofos deístas[38] fumadores de cachimbos que dizem "Ah vejam a maravilhosa criação de Deus, a lua, as estrelas etc., você a trocaria por qualquer outra coisa?" e não se dão conta de que não estaríamos dizendo isso se não fosse graças a uma memória primordial de quando, do quê, de como nada existia. (Kerouac, 2010, p. 58)

É uma crítica ao empirismo, quer fosse dos deístas ou dos cientificistas ateus. Em tom dramático, ainda declararia a crença na metempsicose: "Só o que eu me lembro é que antes de eu nascer existia alegria" (idem, p. 285).

Poesia e memória caminham juntas. Há muito memorialismo nas obras dos beats. Ferlinghetti, por exemplo, no esplêndido poema evocando os imigrantes italianos, "Os velhos italianos morrem" (Ferlinghetti, 1984, p. 211). Ginsberg fez sua autobiografia através de poemas; relatou dramas pessoais, a loucura da mãe no extenso e pungente *Kaddish*, a formação da Geração Beat em "Uivo" e vários outros poemas; evocou mortos queridos,

---

38. Lembrando que o deísmo foi uma doutrina professada por iluministas como Thomas Payne e energicamente questionada por Blake. Para seus adeptos, a existência do mundo implicava aquela de Deus, assim como o funcionamento de um relógio supunha haver um relojoeiro (cf. Willer, 2010, p. 206).

especialmente, após 1968/1969, Kerouac e Cassady. Corso escreveu uma série evocando Kerouac, em *Elegiac feelings American*. Ginsberg demonstrou conhecer Platão, citando-o em *Allen Verbatim*. Certamente Kerouac e outros beats também o conheciam – o filósofo faz parte da formação de estudantes do nível a que chegaram. Plotino, especialmente importante como expressão de um platonismo místico, é mencionado em "Uivo" a propósito dos "que estudaram Plotino, Poe, São João da Cruz, telepatia e bop-cabala pois o Cosmos instintivamente vibrava a seus pés em Kansas" (Ginsberg, 2010, p. 27); e era efetivamente estudado por Ginsberg, conforme seu relato, na entrevista à *Paris Review*, de como chegou à sua poética: "Eu estava preocupado com a terminologia plotiniana de tempo e eternidade e encontrei isso nas pinturas de Cézanne" (publicada, entre outros lugares, em Cohn, 2010, p. 133). Ambos, Platão e Plotino, lidos imediatamente após sua "iluminação auditiva" de Blake, conforme seus relatos dessa experiência (idem, p. 149).

Antes da imersão de Kerouac e Ginsberg no budismo, já haviam recebido informação sobre misticismos neoplatônicos e gnosticismo. Em primeira instância, através da leitura de *A decadência do Ocidente*, de Spengler, com capítulos pioneiros sobre aquela doutrina. Até então, gnosticismo, mesmo sendo tema de pesquisas, ainda não havia migrado para tratados de teoria geral da História. Em 1944, foram apresentados a textos gnósticos e neoplatônicos por Raymond Weaver, o importante estudioso de Herman Melville e professor de Ginsberg na Universidade de Colúmbia (Gifford e Lee, 1979, p. 42; Nicosia, 1986, p. 139). Mais tarde, Kerouac dialogaria com Alfred Kazin, outro importante conhecedor de gnosticismo e seu professor nas oficinas que cursou em 1948 na New York School for Social Research.

Há, porém, uma constante em Platão, associada à conquista do conhecimento, em especial da reminiscência ou anamnese: a recomendação da moderação, do equilíbrio e da temperança. Aí está um preceito que não foi seguido pelos beats. Há um desvio niilista ou antinomista nesse platonismo – a não ser que se adote a reinterpretação dessa categoria, moderação, por McClure:

> Os gregos, reconhecendo a natureza politeísta dos sentidos tradicionais (de que cada um era um deus ou deusa), tinham um mote: *Ariston metron* significa, por alto, "a moderação é a perfeição". Por meio dos trabalhos dos pensadores gregos, sabemos que eles apreciavam a embriaguez, os cantos, as libações para os deuses, o jogo de cuspir vinho dentro de um balde, a meditação, o comércio, a guerra, o atletismo, a viagem, o brilhantismo da conversa, os extremos da sensualidade. Os *pensadores* gregos (em contraste com os intelectuais mais mentalistas) concebiam a moderação como uma estrutura pessoal, atingida por meio da descoberta e afirmação dos extremos. Quando um homem chegava aos extremos, ele encontrava os limites circundantes das possibilidades e ele ERA A MODERAÇÃO – era formado dentro do campo da sua experiência. (McClure, 2005, p. 171)

Interpretada desse modo, a moderação passa a ser compatível com o desregramento dos sentidos de Rimbaud como meio para alcançar a vidência e os demais testes dos limites de cada um, inclusive aqueles empreendidos por Kerouac e seus amigos. De fato, na amplidão polifônica dos diálogos de Platão tanto encontraremos recomendações de moderação, que pode ser associada ao "caminho do meio" dos taoistas, quanto elogios de embriaguez, delírio e possessão como fontes da inspiração.

Além de beberem em fontes platônicas, houve sincronia ou ajuste do budismo adotado por eles à filosofia platônica. Em especial, à metáfora-chave, o mito da caverna, declarando o caráter ilusório das coisas sensíveis, miragem ou reflexo das formas inteligíveis. De tal platonismo pode resultar uma crítica política – mais precisamente, uma crítica à ideologia, constitutiva da realidade, ou daquilo que é percebido e aceito como real. Isso, lembrando que a própria noção de ideologia tem origem platônica: deriva – evidentemente, com todos os refinamentos recebidos de Destutt de Tracy, Marx e tantos sociólogos e pensadores políticos – dos "eidolon", os fantasmas vistos pelos acorrentados na caverna do mito platônico, por eles tomados como entidades reais. Essa crítica filosófica é aparentada àquela do budismo, que identifica o real percebido ao véu de Maya. Partilham, platônicos, gnósticos e budistas, a ideia do mundo como matéria degradada – no campo budista, como ilusão; no platônico e gnóstico, como emanação (embora em correntes gnósticas, como aquela de Valentino, a ênfase também seja na irrealidade do mundo, em sua natureza ilusória).

O dualismo platônico é exposto por Kerouac em *Anjos da desolação*: "Númemos são o que você vê de olhos fechados, a cinza dourada imaterial, Ta, o Anjo Dourado – Fenômenos são o que você vê de olhos abertos [...]" (idem, p. 62).

O exame do Kerouac pré ou pós-budista, de *On the Road* até *Vanity of Duluoz*, revela que a caracterização da realidade empírica sensível como ilusão é uma constante; independe de estar mais próximo de uma ou outra das duas doutrinas, budismo ou catolicismo.

5
AS VIAGENS E O TEMPO

O neoplatonismo beat é mais uma ocorrência ou manifestação específica da reverência pelo passado e do culto ao arcaico, observada pela historiadora Frances A. Yates a propósito da *prisca teologia* que intelectuais renascentistas enxergaram nos escritos herméticos, o *Corpus Hermeticum* traduzido por Marsilio Ficino e divulgado pela academia mantida por Lorenzo de Medici, por volta de 1460:

> Os homens do século II estavam completamente imbuídos da ideia (que a Renascença absorveu deles) de que o antigo é puro e santo, de que os primeiros pensadores viviam mais perto dos deuses do que os diligentes racionalistas, seus sucessores. De onde a forte revivescência pitagórica nessa época. Prevalecia igualmente a impressão de que o remoto e o incomensuravelmente distante eram mais sagrados; daí seu culto pelos "bárbaros", os gimnosofistas indianos, os magos persas e astrólogos caldeus, cuja abordagem do conhecimento sentiam como mais religiosa que a dos gregos. (Yates, 1995, p. 17)

Adotavam, portanto, a máxima de Platão, atribuída a Sócrates no *Fedro*: "os antigos conhecem a verdade" (Platão, 1964, p. 164).

O "culto pelos bárbaros", a atração pelo "remoto" e "distante" observados por Yates em seu importante ensaio sobre Giordano Bruno e demais hermetistas do Renascimento foram obsessões de Kerouac. Não se limitaria a valorizar o arcaico:

acabaria por negar, categoricamente, o valor do novo. Ao final de *Vanity of Duluoz*, sua derradeira narrativa, de 1967, diria: "Nenhuma 'geração' é 'nova'. Não há 'nada de novo sob o sol'" (Kerouac, 1994, p. 268).

A percepção do tempo de Kerouac se torna ainda mais evidente ao se examinar o conjunto da sua obra. Seu período de produção mais intensa, e também de vida mais frenética e aventuresca, entre o início das viagens relatadas em *On the Road*, em 1947, e seu lançamento em 1957, resultou, além do híbrido e experimental *Visões de Cody* (viagem, sim, mas pelo universo da linguagem e da consciência), em obras memorialísticas tratando da infância e juventude, *Visões de Gerard* e *Maggie Cassidy*, por sua vez desdobramentos, já adotando a prosa espontânea e assumindo-se como protagonista, do livro de estreia, *Cidade pequena, cidade grande*; *Doctor Sax*, relato memorialístico que também é alegoria ou narrativa fantástica; textos expondo sua poética, *Old Angel Midnight* e *The Essentials of Spontaneous Prose*; a prolífica produção de poemas, da qual resultaram livros como *Mexico City Blues*, com seus 320 "*choruses*", *San Francisco Blues* e os haicais; obras sobre budismo, *The Scripture of the Golden Eternity*, *Some of the Dharma* e *Despertar*; as anotações de sonhos de *O livro dos sonhos*; e uma narrativa caracteristicamente beat, exibindo plenamente a "prosódia bop" e a ambiência daquela boemia, *Os subterrâneos*, que não é de viagem, pois sua ação se passa no mesmo lugar (em São Francisco no livro, em Nova York na realidade).

Pode-se supor que Kerouac tenha se dedicado preferencialmente ao relato de viagens após a publicação de *On the Road* – com *Os vagabundos iluminados*, *Viajante solitário*, *Anjos da desolação*, *Big Sur*, *Satori em Paris* –, respondendo a uma demanda de público e editores, para retornar à memorialística em *Vanity of Duluoz*, completando o ciclo de obras que, somadas, comporiam o que ele intitulou "saga de Duluoz", declarando que sua obra consistia em "um vasto livro".

Ann Charters, em *The Portable Jack Kerouac*, informa que ele pretendia unificar os pseudônimos para conferir unidade à saga. Semelhante reorganização não teria sido feita por razões de *copyright* (cf. Charters, 1995, p. xviii-xx). A estudiosa reconstitui a saga ao organizar a seleção de textos, não mais conforme a cronologia da publicação ou da sua escrita, porém seguindo o projeto de Kerouac, reconstituindo a sequência da sua própria biografia. Começa com *Doctor Sax* e *Visões de Gerard*, as duas narrativas de infância; segue com *Maggie Cassidy*, sobre sua adolescência; *Vanity of Duluoz*, cobrindo a saída de Lowell e os primeiros anos em Nova York; *On the Road*; "October on the Railroad Earth" (também parte inicial de *Viajante solitário*); *Os subterrâneos*; *Tristessa*; um relato breve intitulado "Good Blonde"; *Os vagabundos iluminados*; *Anjos da desolação*; e, fechando a série, o relato do desastre, da crise final, *Big Sur*. Por isso, *The Portable Jack Kerouac* traz como apêndice ou complemento não só a poesia de Kerouac, mas a prosa experimental de *Visões de Cody*, "Old Angel Midnight", *O livro dos sonhos*, artigos, os livros budistas, a estreia com *Cidade pequena, cidade grande*, e os artigos e publicações esparsas.

Quando associada à obra de Kerouac, a expressão "viagem" deve ser tomada, portanto, no sentido mais amplo, metafórico e místico: viagem não só como deslocamento espacial, mas temporal, físico e espiritual. Ele sobrepôs dois eixos.

As viagens rememoradas em *On the Road* e *Visões de Cody*, até quando recém-encerradas, confundiam-se com a tarefa de relatá-las. Biógrafos e seus diários confirmam: enquanto viajava já ia fazendo anotações para um livro que alternadamente se chamaria *On the Road* ou *Beat Generation*. No entanto, mesmo na primeira versão de *On the Road*, o manuscrito original, os acontecimentos narrados foram "há muito tempo": "Encontrei Neal pela primeira vez não muito depois que meu pai morreu.... [...] Tudo isso foi há muito tempo, quando Neal não era do jeito como ele é hoje, quando era um delinquente juvenil envolto em mistério" (Kerouac, 2008, p. 103).

On the Road foi escrito – na primeira versão – em abril de 1951, logo após a última das viagens relatadas; e Kerouac havia conhecido Cassady no começo de 1947. Quatro anos são "muito tempo", tanto quanto aquele que o separa da infância e adolescência evocadas em outras narrativas: por exemplo, as décadas entre a escrita de *Vanity of Duluoz*, em 1967, e os acontecimentos relatados, transcorridos de 1938 a 1946.

O mesmo recurso narrativo, a evocação do supostamente remoto, iniciando a ação em um *illo tempore*, é empregado na abertura de *Os subterrâneos*: "Naquele tempo eu era moço e era muito mais orientado e sabia falar sobre qualquer assunto com inteligência nervosa e com clareza e sem preâmbulos literários como este [...]" (Kerouac, 2007, p. 9). É o tom de um idoso preparando-se para desfiar reminiscências. Soa estranho ao saber-se que *Os subterrâneos* fora escrito "em três dias e três noites", imediatamente após os acontecimentos relatados: Kerouac (no livro, Leo Percepied) rompe com Mardou e se põe a narrar: "E eu vou para casa tendo perdido o amor dela. / E escrevo esse livro" (idem, p. 140). O tempo ou percepção do tempo do início e do final da narrativa são completamente diferentes: começa remetendo a um passado distante; termina no presente, como anotação de um diário.

A duplicidade de tempos pode ter sido consequência do livro ter sido escrito de uma enfiada só, em um fluxo contínuo. Ou então, por causa da revisão e adaptação em 1957, por exigência de editores temerosos de processos; daí, inclusive, a ação transposta de Nova York, seu palco real, para São Francisco, além de uma negociação difícil com Mardou / Alene Lee, que não queria de modo algum tornar-se personagem, como relata Joyce Johnson, então companheira de Kerouac e que presenciou a cena (Johnson, 1999, p. 229). É possível que a abertura, com seu tom nostálgico, tenha sido acrescentada à versão final. Jamais se saberá se houve tal acréscimo *a posteriori*, pois o original de *Os subterrâneos* não foi recuperado.

Contudo, a transposição do passado recente para outro, remoto, já estar no *On the Road* original reforça a ideia da multiplicidade de tempos e da quebra de um tempo real, cronológico. Mais ainda, quando evidenciada em uma obra que não teve que ser refeita para publicação: o tardio *Anjos da desolação*. Nos capítulos finais, descreve a chegada, acompanhado pela mãe, a São Francisco em 1957:

> [...] enquanto Memère dorme eu ando de um lado para o outro com Ben na cabana para relembrar os velhos tempos. Nós passamos por um período estranhamente calmo entre os nossos dias de Lunáticos Zen de 1955, quando a gente lia nossos poemas novos para grandes plateias em São Francisco (embora eu nunca lesse, eu apenas meio que regia com uma jarra de vinho) e o período seguinte com jornais e críticos escrevendo a respeito e chamando aquilo de "Renascimento Poético da Geração Beat em São Francisco". (Kerouac, 2010, p. 345)

Sobrepõem-se, nessa passagem, três tempos: aquele da escrita do texto, em 1961; outro do episódio relatado, a ida a São Francisco com a mãe, no final de 1957; e outro ainda, dos eventos rememorados, em 1955. Tudo "velhos tempos", assim como em *Os subterrâneos* e no *On the Road* original. Os intervalos de dois anos em *Anjos da desolação*, quatro anos em *On the Road* e algumas horas em *Os subterrâneos* equivalem às três décadas entre os fatos e o relato no início de *Vanity of Duluoz*.

Anjos da desolação, extensa obra confessional em tom descendente, termina com a publicação de *On the Road*. Reencontra-se com a mãe, com o catolicismo, encerra a vida beat, rejeita a politização daquele movimento por Ginsberg – enfim, anuncia que vai retirar-se, como de fato o fez. Simbolicamente, reencontra-se com a origem, reafirmando uma concepção cíclica do tempo.

De modo coerente, essas páginas finais são um manifesto ou declaração de princípios em favor da infância pobre e contra uma maturidade economicamente confortável. Contra o presente, em favor do passado:

> Porque eu ainda me lembro da América quando homens viajavam levando toda a bagagem num saco de papel, sempre amarrado com barbante – Eu ainda lembro da América com pessoas em fila esperando café e rosquinhas – A América de 1932 quando as pessoas reviravam o lixo na beira do rio procurando alguma coisa para vender – Quando meu pai vendia gravatas ou cavava trincheiras para a WPA. – Quando velhos com bolsas de serapilheira remexiam latas de lixo à noite ou justavam o escasso esterco de cavalo pelas ruas afora – Quando batatas-doces eram uma alegria. Mas cá estava a América próspera de 1957 e as pessoas rindo do nosso entulho[39] onde mesmo assim minha mãe havia escondido o indispensável cesto de costura dela, o indispensável crucifixo, e o essencial álbum de fotos de família [...] (Kerouac, 2010, p. 330)

Em outras passagens de *Anjos da desolação*, faz proclamações ainda mais radicais em páginas de poesia em prosa. Condena não só o presente, que chama de "insondável horror" (idem, p. 72-73), mas a totalidade do tempo durante o qual transcorreu sua vida: "Só o que eu lembro é que antes de eu nascer existia alegria" (Kerouac, 2010, p. 285).

Kerouac, o memorialista: "*the great rememberer*", como o alcunhou Ginsberg. *Memory babe* (garoto memória), seu apelido de infância e título da biografia por Nicosia. Em suas viagens, Cassady e Kerouac levavam consigo algum amarrotado volume de Proust. E Cassady também escreveu obra memorialística, *O primeiro terço*, mas com um alvo definido: reconstituir a infância para reencontrar, simbolicamente, o pai perdido – o objetivo de

---

39. A bagagem da mãe de Kerouac acondicionada em sacos para a viagem de Nova York à Califórnia.

uma das etapas do terceiro ciclo, o mais sombrio e subterrâneo, como já comentado, de On the Road.

Se em Kerouac, desde a estreia com *Cidade pequena, cidade grande*, a passagem do tempo é perda a ser recuperada através da escrita ou a ser lamentada em tom elegíaco, isso se projetou em outros aspectos de sua obra. Um deles, o modo como retroage a própria Geração Beat: não se trata mais de acontecimento contemporâneo, porém da manifestação de uma tradição; do retorno do arcaico.

É o argumento desenvolvido em seu artigo de 1959, "Beatific: The origins of the Beat Generation", resposta indignada a matérias que associavam a beat à violência juvenil e a um filme daquele ano, particularmente infame e depreciativo, intitulado *The Beat Generation*[40], sobre criminosos *beatniks*. Além de insistir que a beat nunca poderia ser relacionada à violência e reiterar sua associação do termo à beatitude e às experiências religiosas, discorre sobre suas origens:

> Talvez, já que supostamente eu sou o porta-voz da Geração Beat (eu sou o originador do termo, e ao redor disso o termo e a geração tomaram forma), deve ser assinalado que toda essa coisa de "Beat", portanto, retrocede a meus ancestrais que eram bretões, que eram o mais independente grupo de nobres em toda a velha Europa e que continuaram combatendo a França latina até seu último reduto [...]. (apud Charters, 2007, p. 567)

Segue arrolando antecedentes: as festas que seu pai dava na década de 1920; histórias transmitidas pelo rádio ou em quadrinhos de *O Sombra*; suas próprias festas de juventude; filmes protagonizados por comediantes que apreciava, como W. C. Fields, Os Três Patetas, Laurel e Hardy e Harpo Marx; as precursoras tiras em quadrinhos de Krazy Kat; vilões anacrônicos como

---

40. Dirigido por Charles Haas, produzido pela MGM.

o Conde Drácula, o bandido chinês no filme *Xangai*, monstros como King Kong, o Golem e o lobisomem de Londres; Basil Rathbone interpretando Sherlock Holmes; até mesmo Popeye e Clark Gable – e mais, em uma típica enumeração caótica, sem respeitar qualquer sequência ou série cronológica, misturando rememorações da juventude, infância e informação histórica ou pseudoinformação, alguma invenção de genealogias no caso de seus antepassados. Procedeu, nesse artigo, a uma arqueologia da beat? Ou traçou os contornos de uma beat atemporal, portanto arquetípica? Através do delírio histórico-memorialístico, retomou, mas a serviço de uma argumentação, os trechos mais desenfreados e próximos à escrita automática de *Visões de Cody*, criado seis anos antes, assim fornecendo chaves para a melhor leitura ou interpretação da mais complexa dentre suas obras.

Ainda pode ser relacionado à sua percepção do tempo o maravilhamento diante das paisagens e amplidões norte-americanas, como neste trecho de *On the Road*, narrando seu retorno a Nova York ao final da primeira das viagens daquele ciclo:

> Não, também havia amplitudes selvagens no Leste; era a mesma imensidão na qual Ben Franklin se arrastara no tempo dos carros de boi quando era agente do correio, a mesma imensidão do tempo em que George Washington era um recruta destemido que combatia os índios, quando Daniel Boone contava histórias sob lampiões na Pensilvânia e prometia encontrar a passagem no Desfiladeiro, quando Bradford abriu sua estrada e os homens subiram ruidosamente por ela construindo suas cabanas de toras. (Kerouac, 2008, p. 138)

A palavra-chave é "a mesma". O tempo passa, mas a paisagem permanece. O espaço é superação ou negação do tempo. A imutável montanha é contraposta à transitoriedade da vida, assim como tantas outras montanhas simbólicas, todos os Olimpo, Sinai e Meru de mitologias e literaturas religiosas. Ou o Pico da Desolação do próprio Kerouac, em *Anjos da desolação*:

[...] o oceano de lágrimas que tem sido a minha vida na terra, tão antiga que, quando eu olho as minhas fotografias panorâmicas na área do Desolation e vejo as velhas mulas e os ruanos magrelos de 1935 (na foto) junto à finada cerca do curral, eu me admiro de ver que em 1935 as montanhas tinham o mesmo aspecto (a Old Jack Mountain no ângulo exato com o mesmo desenho da neve) que têm em 1956 – então a antiguidade da terra me impressiona lembrando primordialmente que ela era a mesma, elas (as montanhas) também tinham a mesma cara em 584 a.C. – e tudo aquilo apenas uma espuma do mar [...] (Kerouac, 2010, p. 62)

Paisagens são uma constante em Kerouac: em seus *blues*, nome que deu a parte de sua prolífica obra poética; na chave do intimismo, no livro de haicais, típica poesia da natureza:

Vindas do oeste
    cobrindo a lua,
Nuvens – nenhum som.
Pássaros cantando
    na escuridão
Da aurora chuvosa (Kerouac, 2003, p. 9)

Inclusive, apontando o contraste entre o natural e o urbano:

Lua cheia nas árvores
    – atravessando a rua,
a cadeia (idem, p. 113)

E também em outros beats. Snyder é, sem dúvida, um poeta da natureza, do encantamento ao vislumbrar o macrocosmo no microcosmo:

Oh Mãe Gaia
    céu   nuvem   portal   leite   neve

vento-vazio-verbo
me curvo nos seixos à beira da estrada.
(Snyder, 2005, p. 145)

Publicou poemas que são manifestos ambientalistas:

Os EUA lentamente perderam seu mandato
da metade até o fim do século vinte
nunca deram às montanhas e rios,
árvores e animais,
um voto. [...] (idem, p. 131)[41]

Ginsberg, em *A queda da América* (Ginsberg, 1987), rememora um passado pessoal e outro da nação enquanto viaja pelos Estados Unidos e poetiza suas extensões.

Mas, novamente, é em trechos de Kerouac como esse de *On the Road* aqui citado, e especialmente em *Anjos da desolação*, que o contraste entre a permanência do natural e a impermanência e irrealidade da vida é mais dramaticamente apresentado.

Em um dicionário de surrealismo, no verbete *promenade* (caminhada), há uma comparação:
Por qualquer nome que seja designada, a deambulação à procura do "maravilhoso", tal como foi praticada pelos surrealistas, não é, evidentemente, sua propriedade exclusiva. [...] A vagabundagem "*beatnik*", da qual Jack Kerouac se fez o apóstolo, não é uma tentativa de estendê-la sobre todo o globo? (Biro e Passeron 1982)

Todas as literaturas tiveram escritores viajantes. E os beats viajaram muito. Corso viveu em deambulação permanente, como se não houvesse onde se fixar no planeta – após instalar-se na Itália, voltou aos Estados Unidos ao saber-se com câncer, para retornar morto à Itália (quis que seu túmulo fosse adjacente ao de Percy Shelley).

41. Este trecho também é reproduzido em outro artigo, ainda inédito, sobre poetas da natureza – comparo-o com manifestos ambientalistas de Roberto Piva.

Contudo, Kerouac não quis estendê-la apenas pelo globo (de modo relativo – as viagens à Europa e à África o desagradaram, o que é mascarado em *Viajante solitário*). Procurou deambular através do tempo. Talvez os *flâneurs* sempre aspirassem a essa dupla viagem. Em Baudelaire, iniciador da linhagem, um poema típico, "A uma passante", dos "Quadros parisienses" de *As flores do mal*, sobre a bela mulher com quem cruzara, termina com imprecações contra o tempo: "Longe daqui! tarde demais! nunca talvez!" (Baudelaire, 1995, p. 179). Louis Aragon, em *O camponês de Paris*, é possuído pela "vertigem da modernidade" (Aragon, 1996, p. 141). Mas a possessão lhe permite "descobrir o semblante do infinito sob as formas concretas que me escoltavam, andando ao longo das aleias de terra" e constatar: "Pareceu-me que o homem está pleno de deuses como uma esponja imersa em pleno céu" (idem, p. 142). O moderno intenso, vertiginoso, abre-se em brechas para o passado mítico, dos deuses; para a atemporalidade, anulação do tempo cronológico.

Vanity of Duluoz começa com um manifesto em favor do *strolling*, termo em inglês que poderia equivaler a *flânerie*. Lembra os homens que outrora voltavam para casa ao anoitecer, "com seus punhos enfiados nos bolsos do casaco, assobiando e cantando imersos em seus próprios pensamentos". Em contraste,

> Hoje você não vê mais isso na América, não só porque todo mundo dirige um carro e vai com a estúpida cabeça ereta guiando a máquina idiota através das armadilhas e penalidades do tráfego, mas porque hoje em dia ninguém mais caminha com despreocupação, a cabeça para baixo, assobiando [...] (Kerouac, 1994, p. 10)

Despreocupados e distraídos, portanto típicos *flâneurs*, como relata Kerouac, caminhavam os que se dirigiam ao campo de terra onde rapazes jogavam *football*, o futebol norte-americano, esporte no qual se destacaria e através do qual ingressaria na universidade de Colúmbia. E assim se inicia o relato de um confronto "homérico" entre dois times formados por rapazes de Lowell, um deles de *canucks*, franco-canadenses, o outro de gregos. São dois times de dois povos, réplica, miniatura ou reflexo das antigas guerras: "O sangue, querida, corria como em uma batalha homérica naqueles sábados pela manhã" (idem, p. 15).

Vanity of Duluoz surpreende: como foi possível um Kerouac terminal, incapaz de cuidar de si mesmo, escrever um livro com essa qualidade, no qual se alternam a evocação pungente e o humor, e se combinam e integram a fala das ruas e passagens com uma prosódia shakespeariana? Na abertura, em páginas de uma prosa admirável, imitando um testemunho oral (o livro é escrito como se o estivesse narrando para a *"wifey"*, sua mulher Stella Sampas), mas reproduzindo mergulhos proustianos no passado, encadeia três tempos: o presente da massificação, da vida instrumentalizada; o passado cronológico, da juventude; e o tempo que realmente importa, aquele das epopeias, das quais o confronto de jovens jogando futebol é uma réplica e ao qual se tem acesso através da *flânerie*, do caminhar despreocupadamente.

A *flânerie* baudelairiana, a caminhada ao acaso dos surrealistas e a errância beat são igualmente movidas pela disponibilidade, pelo deixar-se levar "pelo vento do eventual", nas palavras de Breton. Mas Kerouac apresentou uma versão desenfreada, de especial peso metafísico, de um deslocamento espacial que se pretendia temporal.

Associar viagens à revelação, gnose, anamnese e iniciação chega a ser intuitivo, além de comum, literariamente frequente. "A vida está na estrada", como proclamou Kerouac em *On the Road* (seria um comentário ao "A verdadeira vida não está aqui", de Rimbaud?), é variação sobre um tema universal. Mas, apesar dessa persistência, cabe examinar sua presença na tradição.

Viagens têm múltiplos sentidos na literatura: registro de chegadas a novos territórios, futuras colônias; relatos da formação;

revelações, acesso a um conhecimento superior. Na tradição esotérica, um texto de enorme importância histórica por suas consequências é *Fama fraternitatis*, o primeiro dos manifestos rosa-cruzes, divulgado em 1614 (publicado em Yates, 2001, p. 290 e segs, cf. Willer 2010, p. 158). Narra a vida do mítico Christian Rosenkreuz e multiplica viagens: aquelas de Rosenkreuz em busca do conhecimento e as de seus discípulos em busca de seu túmulo e da revelação.

Também merece destaque, de tudo o que já foi escrito sobre viagens como trajeto rumo à revelação, o *Hino da pérola*, texto de origem desconhecida que faz parte dos *Atos de Tomé*, escritos ou compilados em Edessa entre 200 e 225 d.C. (cf. Willer, 2010, p. 159). Ao final de um percurso sinuoso por Egito, Babilônia e Síria, no qual se perde e reencontra seu rumo, o protagonista recebe um manto de luz. Descrito como se fosse o *rebis*, dois em um, dos tratados alquímicos, o manto simboliza a recuperação do verdadeiro "eu"[42], a conquista da identidade, condição para a reintegração. Jonas comenta o "mistério da mensagem" do *Hino da pérola*: "Expressa a experiência gnóstica básica em termos mais comoventes e mais simples" do que qualquer outro texto (Jonas, 1963, p. 116). Eliade o designa como "a mais dramática e comovente apresentação do mito gnóstico da amnésia e da anamnese", dando-o, por isso, como elevada elaboração "do tema platônico do despertar" (Eliade, 1972, p. 113). Outros especialistas, como Peter Lamborn Wilson (Hakim Bey) em seu livro sobre sonhos iniciáticos (Wilson, 2004), também se detiveram nesse texto.

A compulsão de Kerouac pela errância o identifica a esse texto matricial e permite associar suas viagens à busca da verdadeira identidade e da anamnese. Procede, explicitamente, a essa identificação. No início de *On the Road*, declara o propósito das

---

42. Na falta do *self* ou do *moi* em português, tenho, em outros ensaios e aqui, usado o pronome direto, mas entre aspas, para esse sentido místico da identidade.

suas viagens: "Em algum lugar ao longo da estrada eu sabia que haveria garotas, visões e tudo mais; na estrada, em algum lugar, a pérola me seria ofertada" (Kerouac, 2004, p. 28).

A utilização desse símbolo, "pérola", em seu sentido tradicional, como um correlato das "visões e tudo mais" e do "AQUILO" celebrado mais à frente, significando revelação e anamnese, suscita, é claro, indagações. Teria Kerouac lido o hino gnóstico? Não é impossível. Poderia estar entre os textos que lhe haviam sido mostrados por Weaver ou Kazin: o *Hino da pérola* já era conhecido, pois sua versão grega havia sido traduzida e publicada em livro em 1903 (Layton, 2002, p. 438). Ou então captou-o por fontes indiretas; até mesmo por sua permanência em uma literatura neoplatônica ou cristã. Ou budista: a declaração aqui citada de que buscaria as visões e a pérola está na versão final de *On the Road*, mas não no manuscrito original; portanto, foi escrita após sua imersão no budismo. Mas nessa doutrina a pérola não tem a mesma relevância que no hino gnóstico. De todo modo, em qualquer hipótese – da pérola ser gnóstica, católica ou budista –, a presença do símbolo em *On the Road* corrobora o que pode ser dito sobre misticismo em Kerouac.

6
Os outros

A mística da marginalidade é proclamada ao longo de toda a obra de Kerouac. Com o vigor de um manifesto em *On the Road*:

> Num entardecer lilás caminhei com todos os músculos doloridos entre as luzes da 27 com a Welton no bairro negro de Denver, desejando ser negro, sentindo que o melhor que o mundo branco tinha a me oferecer não era êxtase suficiente para mim, não era vida o suficiente, nem alegria, excitação, escuridão, não era música o suficiente. [...] Desejava ser um mexicano de Denver, ou mesmo um pobre japonês sobrecarregado de trabalho, qualquer coisa menos aquilo que eu tão aterradoramente era, um "branco" desiludido. (Kerouac, 2004, p. 223)

Paráfrase do que Rimbaud escreveu sobre o "mau sangue" em *Uma temporada no Inferno*: "Sou um bicho, um negro. [...] Falsos negros que sois, vós, maníacos, perversos, avaros. [...] Penetro o verdadeiro reino dos filhos de Cam" (Rimbaud, 1998, p. 141).

Um trecho de *Uma temporada no Inferno*, proclamando sua utopia, é transcrito no original em *Vanity of Duluoz*:

> Quand irons-nous, par dela les greves et les monts, saluer la naissance du travail nouveau, la sagesse nouvelle, la fuite des tyrans, et des démons, la fin de la superstition, adorer ... les premiers! ... Noël sur la terre? (Kerouac, 1994, p. 254)[43]

---
43. Em uma das traduções brasileiras, de Ivo Barroso: "Quando iremos, afinal, além das praias e dos montes, saudar o nascimento do trabalho novo, da nova sabedoria, a fuga dos tiranos e demônios, o fim da superstição, para adorar – os primeiros! o Natal na terra!" (Rimbaud, 1998, p. 187).

Em outro trecho dessa narrativa, Rimbaud é glosado ou adaptado:

> A família Duluoz sempre foi enfurecida. Será isso um sinal de mau sangue? A linha paterna de Duluoz, ela não é francesa, é da Cornualha, é celta da Cornualha (o nome da língua é Kernuak), e eles sempre foram enfurecidos e discutiam sobre qualquer coisa [...] (idem, p. 108)

Em Rimbaud, no capítulo sobre o mau sangue em *Uma temporada no Inferno*:

> Herdei de meus antepassados gauleses os olhos azuis claros, a mente estreita e essa inabilidade para a luta. [...]
> É de todo evidente que sempre fui raça inferior. Não consigo compreender a revolta. Minha raça jamais se rebelou, senão para pilhar: como os lobos ao animal que não mataram. (Rimbaud, 1998, p. 135)

Gauleses em Rimbaud; galeses, nativos da Cornualha e bretões antepassados de Kerouac, como na apresentação de *Viajante solitário*:

> Minha família remonta à Bretanha, França, o primeiro antepassado norte-americano é o barão Alexandre Louis Lebris de Kerouac, de Cornwall, Bretanha, que em 1750 mais ou menos recebeu terras ao longo da Rivière du Loup, depois da vitória de Wolfe sobre Montcalm; seus descendentes casaram-se com índias (mohawk e caughawaga) e tornaram-se plantadores de batatas; o primeiro descendente americano foi meu avô Jean-Baptiste Kérouac, carpinteiro de Nashua, N. H. (Kerouac, 2006, p. 10)

O intertexto ou quase citação de Rimbaud nas passagens aqui citadas é, sem dúvida, intencional: *Uma temporada no Inferno* consta como leitura importante no contexto de sua amizade com Carr, relatada em *Vanity of Duluoz*. Além do poeta-adolescente haver sido um mito beat, Ginsberg levava seu retrato em viagens e afixava-o, como amuleto propiciatório, em seu quarto no "Beat Hotel" (Miles, 2000).

Em comum a ambos, Kerouac e Rimbaud, a permanente sensação de serem estrangeiros no mundo e a consequente obsessão pela viagem.

Contudo, há diferenças relevantes entre o poeta francês e o prosador norte-americano: além do modo de relacionar-se com a religião, sempre negativo e crítico em Rimbaud, a relação com a cidade natal e, por extensão, com cidades província. Rimbaud abominava Charleville; Kerouac idealizou Lowell; retratou-a como lugar idílico e cenário de amores juvenis em *Maggie Cassidy*; como mundo mítico e espaço mágico nas rememorações da infância em *Doctor Sax* e *Visões de Gerard*. Por isso, após encerrar seu ciclo de viagens, em 1957, retornou em várias ocasiões à cidade natal e tentou morar lá. E seu último casamento foi com uma conterrânea, Stella Sampas, a quem conhecia desde criança: a irmã de Steve Sampas, seu amigo culto, morto na batalha de Anzio.

O livro de estreia de Kerouac, *Cidade pequena, cidade grande*, contém um par de termos que corresponde a um contraste ou disjuntiva. Entre Nova York, a metrópole, e a Lowell natal, era a favor dessa última; por extensão, das cidades pequenas, inclusive aquelas pelas quais passava em suas viagens.

Com acerto, Brinkley, prefaciador da edição de seus *Diários*, comenta "seu amor pelos Estados Unidos essenciais e eternos". Daí decorria seu especial carinho pelas "Lowell, Oregon City, Holyoke (Massachusetts), Asheville (Carolina do Norte), Gardiner (Maine), St. Cloud, Steubenville (Ohio), Lexington (Montana), Klamath Falls (Oregon)" (Kerouac, 2006, p. 12; cf. Willer, 2009, p. 86). Cabe recorrer à sociologia, ao par de categorias "comunidade" e "sociedade": apreciava a província e as cidades pequenas por simbolizarem a comunidade, em contraste com a sociedade de massas.

A cosmovisão tradicionalista de Kerouac se traduz em reverência diante dos vagabundos errantes, e de índios, negros e integrantes de culturas arcaicas: todos aqueles em cujas veias corria o "mau sangue" de Rimbaud.

Em *Vanity of Duluoz*, por exemplo, há uma afirmação de princípios em favor do multiculturalismo, criticando todo etnocentrismo – atitude característica não só de Kerouac, mas de toda a beat. Ao chegar à Groenlândia em sua primeira viagem de navio, vê esquimós:

> [...] pois eu sabia que esses esquimós são um povo índio grande e forte, que eles têm seus deuses e mitologia, que eles conhecem todos os segredos de sua terra estranha e que eles têm uma moral e honra que ultrapassa a nossa de longe. (Kerouac, 1994, p. 134).

Qualquer um desses marginais com relação à civilização ocidental, e até mesmo os marginais propriamente ditos, urbanos, equivaliam, para Kerouac, aos felás ou *fellaheen* de Spengler. Definiu-os assim o historiador: "[...] aos povos posteriores a uma cultura, dou a denominação de povos de felás, adotando o nome de seu exemplo mais famoso, que oferecem os egípcios a partir da época romana" (Spengler, 1964, p. 290). Os felás (a denominação árabe para os camponeses egípcios) seriam atemporais, constantes, os mesmos, ao arrepio dos ciclos de ascensão e decadência vividos por civilizações. Contudo, Kerouac os romantizou. Entendeu-os como classe universal e transistórica, por ser composta pelo estrato mais pobre e arcaico das sociedades; por isso, mais próximo de um começo dos tempos. Em sua perspectiva neoplatônica, mais próximo da verdade; por isso, com chances de acesso à gnose, ao verdadeiro conhecimento. Os mais sábios, como deixa claro no relato de sua viagem a Tânger em *Viajante solitário* e *Anjos da desolação*, ao lhe ser possibilitado encontrar *fellaheen* genuínos, marroquinos e berberes:

> Na verdade, é exatamente igual ao México, o mundo Felá, ou seja, o mundo que não está fazendo História no presente: *fazendo* história, fabricando história, atirando a história para cima em bombas de hidrogênio e Foguetes, em busca do *grand finale* conceitual da Mais Alta Conquista (na nossa época e no Fáustico "Oeste" da América, na Grã-Bretanha e na Alemanha em toda parte. (Kerouac, 2010, p. 305)

Reciprocamente, nas viagens ao México em *On the Road* e *Tristessa*, índios equivalem a chineses por serem um povo arcaico. E também em *Os subterrâneos*: "Olhar para três ou quatro índios atravessando um campo é para os sentidos algo inacreditável como um sonho" (Kerouac, 1999, p. 32).

É possível, examinando essa importância dos marginais, índios e felás associados ao arcaico e primitivo, mostrar onde o pensamento de Kerouac se distancia daquele de Spengler, apesar da adoção de suas categorias.

Sem dúvida, o historiador alemão foi uma influência forte para os integrantes da "nova visão", o grupo inicial de Nova York – mas não para os subsequentes beats de São Francisco, liderados por Rexroth, com uma formação socialista. Ginsberg perguntou, em uma versão do poema "América" lida em público e gravada, mas com este trecho retirado da versão impressa: "América, quando seus cowboys lerão Spengler?".[44]

Kerouac e Burroughs partilharam seu relativismo não só histórico, mas linguístico. Em Burroughs, fundamentou um relativismo moral – aliás, assim como em Henry Miller, como se vê em suas observações sobre Spengler e sua "magia" no final de *Plexus* (Miller, 1990). Adotaram a categoria do "homem fáustico"

---

44. Essa versão está em http://www.poetryarchive.org/childrensarchive/singlePoem.do?poemId=1548. Lardas utiliza esse verso como epígrafe.

e a ideia de uma decadência da civilização moderna, associada ao desprezo pelo progresso científico e tecnológico no âmbito da sociedade burguesa, além da percepção de doutrinas religiosas serem constitutivas de culturas e civilizações, e da crença em um macrocosmo do qual a vida e os fatos históricos seriam o microcosmo – crença que também é afirmada por Platão no *Fedro*, e por inumeráveis místicos e poetas; inclusive Whitman: "Creio que uma folha de relva não é menos que a jornada das estrelas" (Whitman, 2005, p. 97).

Mas Spengler foi um elitista. Expôs uma visão estética da História; ou uma visão da História como acontecimento estético. O gótico, por exemplo, foi para ele a culminância de uma cultura: examinou a Idade Média como se olhasse para seu legado filosófico e artístico, para monumentos e catedrais, mas sem tomar conhecimento das condições reais de vida naquela época, como se a expectativa de vida do homem medieval não fosse de trinta anos. Partilhou o mesmo viés de outros tradicionalistas – como o Eliot de "The Idea of a Christian Society" – que enxergaram um mundo medieval harmonioso e tomaram a sociedade fechada como modelo. É um retrato bem distinto daquele oferecido, por exemplo, por Cohn em *The Pursuit of the Millennium*, com o exame da permanente insatisfação a traduzir-se em rebeliões populares.

Felás, e por extensão os pobres, vagabundos, marginais, enfim, os que pertencessem à base da pirâmide social, integravam a "plebe", faziam parte da "massa", pela qual Spengler nutria desprezo.[45] Uma atitude oposta ao modo como Kerouac e demais beats não apenas apreciaram mas reverenciaram os pobres – à exceção de Burroughs, cujo ceticismo não comportava a ideia de uma classe ou setor da sociedade da qual emergisse o novo.

---

45. Observe-se, contudo, em favor do elitismo de Spengler, que essa postura fez que ele não aceitasse sua adoção pelo nazismo, para ele, demasiado populista, movimento de massas, e, ainda, um "socialismo", tanto quanto aquele de orientação marxista e o liberalismo burguês. Tendo sido chamado para dialogar com Hitler, achou-o plebeu e inculto.

Se em passagens de *On the Road* há degradação e trânsito pelo submundo, equivalente a descidas ao inferno, a última das séries de viagens que compõem o livro, aquela ao México, é retorno ao Paraíso Perdido: "Finalmente, havíamos descoberto a terra mágica que fica no final da estrada e ainda não conseguíamos sequer imaginar as dimensões dessa magia" (Kerouac, 2004, p. 334).

Seus habitantes, camponeses indígenas, são adâmicos e universais:

> [...] nós finalmente aprenderíamos algo entre os lavradores indígenas desse mundo, a origem, a força essencial da humanidade básica, primitiva e chorosa, que se estende como um cinturão ao longo da barriga equatorial do planeta [...] Essas pessoas eram indubitavelmente índias e não tinham absolutamente nada a ver com os tais Pedros e Panchos da tola tradição civilizada norte-americana. Tinham as maçãs do rosto salientes, olhos oblíquos, gestos suaves; não eram bobos, não eram palhaços, eram grandes e graves indígenas, a fonte básica da humanidade, os pais dela. As ondas são chinesas, mas a terra é dos índios. Tão essencial como as rochas no deserto, são os índios no deserto da "história". (Kerouac, 2004, p. 339)

Logo a seguir, a chegada a uma cidade mexicana, Gregoria, e a comemoração em um bordel e balneário de beira de estrada, com a supressão do calor, da sujeira, do cansaço da longa viagem (com a ajuda da farta quantidade de marijuana oferecida por um daqueles mexicanos).

É uma passagem triunfal de *On the Road* – uma das muitas que exemplificam a diferença de Kerouac com relação a autores sombrios que o influenciaram, como Céline e Dostoiévski. E que expressa seu apreço pelos felás.

Essa viagem final de *On the Road* culmina com a chegada à Cidade do México. Mas o ingresso no paraíso é imediatamente seguido pela queda: cai doente, com disenteria; acamado, é abandonado por Cassady, que resolve retornar a São Francisco para reatar com Carolyn (a quem havia abandonado e de quem acabara de divorciar-se para casar-se com Diane Hansen). Combalido, Kerouac consegue o dinheiro para, de ônibus, retornar a Nova York e à casa materna.

Há uma relação de complementaridade entre a chegada triunfal, eufórica, ao México em *On the Road* e seu retorno no sombrio e pungente *Tristessa*.

Mereceria maior atenção essa narrativa breve, porém representativa do melhor da sua prosa poética, além de expressar, de modo dramático, sua visão de mundo. Ou melhor, do submundo: envolve-se com a prostituta esquálida, viciada em morfina e traficante; frequenta-a e a seu cáften, também traficante; mas a considera uma santa, e por isso abstém-se de relacionamento sexual com ela.

Nessa estada, penetra no âmago da miséria. É como se alguém se instalasse em uma "boca" de alguma de nossas favelas ou periferias pobres, ou de uma zona central degradada, uma "cracolândia". Em companhia dessa gente, injeta-se com morfina, apesar da droga conflitar com seu alcoolismo; o mal-estar é agravado por sua recorrente flebite. Ao mesmo tempo, tudo é sagrado: Tristessa celebra ícones católicos e astecas no quarto onde todos residem junto com galinhas ciscando no chão, um cão doente, um gato esquálido – em um registro de cada detalhe daquele pequeno mundo miserável, no estilo que justificou chamarem-no de *memory babe*.

Marginais devotos:

> Seu ícone representa a Santa Maria a olhar de dentro de seus chadores azuis, sua túnica e seus objetos de Damena, para os quais El Índio reza com devoção quando sai para descolar uma parada. [...] Quando Tristessa quer dizer "mortos", ela junta as mãos em uma atitude santificada, indicando

sua crença na santidade da morte, e da mesma maneira a santidade da essência. (Kerouac, 2007, p. 15 e 16)

Marginais sábios. O vizinho de Kerouac, morador no mesmo prédio de paredes de adobe, "Bull" – Bill Garver, parceiro de Burroughs em roubar bêbados, furtar em restaurantes e traficar – é culto:

> Foi preso algumas vezes quando eles o pegavam com a mercadoria errada – na cadeia, ele era sempre o bibliotecário, é um grande erudito, de muitas maneiras. Com um interesse maravilhoso por história e antropologia e tudo relacionado com a poesia simbolista francesa, acima de tudo Mallarmé – (idem, p. 69)

É significativo que o final de *Anjos da desolação*, encerrando o ciclo das viagens de Kerouac, seja um lamento pela notícia da morte de Garver, referindo-se a ele como um mestre e preceptor:

> É uma coisa terrível de se ouvir dos lábios de pessoas humanas que um colega sofredor até que enfim morreu, o tempo ogrado com essa façanha súbita, arou o espaço com o Desafio e Morreu apesar de todas as injunções espirituais lógicas – Deu o fora para sempre – Levou aquele corpo de Mel & Leite para Deus e nem ao menos escreveu avisando – Até o grego da esquina disse, "*El señor Gahva se murió*" – Se morreu a si mesmo – [...] Então nunca mais o velho Gaines Mortal vai pegar táxis comigo para lugar nenhum E nunca mais vai me instruir nas artes de Viver e Morrer. (Kerouac, 2010, p. 358)

Em *Tristessa* está presente uma característica importante da prosa de Kerouac: a escrita polifônica. Todo lugar é outro lugar, todo tempo é outro tempo; na mesma frase ou trecho, vai viajando:

A maneira selvagem como Tristessa fica de pé, as pernas afastadas, no meio do quarto para explicar algo, como um viciado em uma esquina do Harlem, ou em qualquer outro lugar, Cairo, Bang Bombayo e todo o Bando de Felás dos Palmeirais da Extremidade das Bermudas às asas de albatroz pousadas que cobrem de penas as rochosas da costa do Ártico, só o veneno que servem das focas Gloogloo dos esquimós e as águias da Groenlândia, não é tão ruim quanto aquela morfina da Civilização Alemã à qual ela (uma índia) é forçada a se submeter e a morrer por ela em sua terra nativa. (idem, p. 32)

É como Hong Kong, as criadas e mães nos sampans mais pobres do rio em suas calças chinesas remando com o remo de popa veneziano e sem arroz no prato, mesmo elas, na verdade especialmente elas têm seu orgulho e iriam acabar com uma irmã mais velha como eu e Oh seus lindos corpinhos em seda brilhante e macia [...] (idem, p. 91)

A polifonia, também observada em Kerouac por Nicosia, é um encadeamento de tempos e espaços; de modo frenético em *Visões de Cody*, resultando em intensa prosa poética nos capítulos iniciais de *Anjos da desolação*.

Tristessa termina com o retorno de Kerouac ao México, um ano depois. Encontra tudo pior: os marginais, mais miseráveis ainda; Tristessa em um grau avançado de degradação; Bill Garver mais doente e frágil. Mas esse estado de coisas corresponde, na visão de Kerouac, a um absoluto: pessoas cuja vida se resume a procurar a próxima dose de droga alcançaram o vazio, um nirvana. Budismo e sacralização da miséria na versão mais niilista, representada por vidas à espera da morte.

O caráter paradoxal da criação poética: durante essa estada no México, Kerouac escreve a maior parte dos 242 *choruses* de *Mexico City Blues*. É poesia de inspiração budista, sublime. Inclui dois poemas para Charlie Parker. Entre morfinômanos, a homenagem ao artista viciado, que morreu prematuramente:

"Charley Parker Assemelhava-se a Buda" (Kerouac, 1990, p. 241).
É invocação a um santo:

> [...]
> Charley Parker, perdoa-me –
> Perdoa-me por não responder a seus olhos –
> Por não haver indicado
> O que você poderia divisar –
> Charley Parker, reze por mim –
> Reze por mim e por todos
> No Nirvana de seu cérebro
> Onde você se esconde, indulgente e enorme,
> Não mais Charley Parker
> Porém o secreto indizível nome
> Que carrega consigo o mérito
> Não para ser mensurado daqui
> Para cima, para baixo, para o leste, para oeste –
> – Charley Parker, suspenda o exílio,
> meu, e de todo o mundo (idem, p. 243)

Dentre os vagabundos encontrados por Kerouac em *On the Road*, um espécime particularmente miserável é o "fantasma de Susquehanna", com quem ele percorre onze quilômetros a pé no difícil retorno do primeiro ciclo de viagens, e que "caminhava direto pela estrada no sentido contrário ao tráfego e quase foi atropelado várias vezes". Ele perdeu a orientação espacial e já não sabe mais para onde vai:

> "Escute aqui, amigo, você está na direção do Oeste e não do Leste."
> "Hein?", disse o minúsculo fantasma. "Não venha me dizer que não conheço os caminhos daqui. Tenho andado por este país faz anos. Estou indo em direção ao 'Canady'.
> "Mas esta não é a estrada para o Canadá, esta estrada vai para Pittsburgh e Chicago." O velhinho, desgostoso

conosco, pôs-se em marcha. O último vestígio que vi dele foi o balanço de sua lúgubre sacola branca dissolvendo-se na escuridão dos lúgubres Alleghenies. (Kerouac, 2004, p. 138)

Metáfora das viagens do próprio Kerouac? De seus deslocamentos para não chegar a lugar algum? O "fantasma de Susquehanna" é um símbolo forte; por isso retorna em sua derradeira narrativa, *Pic*. Segue na direção errada; viaja ao contrário, espacialmente. Kerouac também viaja ao contrário; porém no tempo, por almejar a impossível reversão do devir. No entanto, suas viagens também começam com um erro de orientação: tenta seguir de carona, logo no início de *On the Road*, por uma rodovia que constava no mapa mas deixara de ser usada, a Rota 6:

> Eu tinha ficado delirando em cima de mapas dos Estados Unidos durante meses, em Paterson, e até lendo livros sobre pioneiros e saboreando nomes instigantes como Platte e Cimaron e tudo o mais, e no mapa rodoviário havia uma longa linha vermelha chamada Rota 6 que conduzia da ponta do Cabo Cod direto a Ely, Nevada, e daí mergulhava em direção a Los Angeles. (Kerouac, 2004, p. 29)

Por confundir símbolos e realidade ao ter "ficado delirando em cima de mapas", é obrigado a começar tudo de novo; a retornar a Nova York e seguir para Chicago de ônibus, para só então pegar caronas.

Essa rodovia, a abandonada Rota 6, é na verdade um caso particular da rede rodoviária pela qual Kerouac circulara. Toda ela foi abandonada, substituída por estradas não só modernas e funcionais, porém homogêneas, padronizadas, além de atenderem a razões estratégicas no contexto da Guerra Fria (como bem observado por Larson, em Holton, 2009, p. 35 e segs.). Isso foi observado por viajantes que refizeram o trajeto de Kerouac, como Eduardo Bueno, seu tradutor brasileiro; e, mais recentemente, pelo cineasta Walter Salles, que em entrevistas apontou a substituição da rede rodoviária como dificuldade na realização da sua adaptação de *On the Road*.

Várias passagens de "Uivo", de Ginsberg, podem ser lidas como se fossem um comentário sintético e inteligente de *On the Road*. Uma delas:

> que mandaram brasa pelas rodovias do passado viajando pela solidão da vigília de cadeia do Golgota de carro envenenado de cada um ou então a encarnação do Jazz de Birmingham. (Ginsberg, 2010, p. 31)

Birmingham, Alabama, a localidade na qual foi inventado o jazz: local de uma origem, um início de algo – Ginsberg sabia o sentido do que comentava. Na minha tradução, "mandaram brasa" é um evidente anacronismo – mantive-o por causa das "Rodovias do passado".

Que toda viagem de Kerouac era em direção ao passado fica mais evidente ainda pela satisfação em ver tipos do Velho Oeste à medida que se aproxima de Denver, no curso da primeira das viagens em *On the Road*. Agrada-lhe encontrar vestígios de uma realidade norte-americana que não existia mais.

Uma das suas viagens não se resumiu à aventura pela aventura, ao deslocamento como fim, mas teve um alvo definido: aquela à Europa, duplamente relatada, em *Viajante solitário* e *Anjos da desolação*, para pesquisar sua árvore genealógica, sua origem. Simbolicamente, para encontrar o início. Mas, observam seus biógrafos, ele não apreciou aquela viagem: encerrou-a antes, voltou assim que pôde – nas duas narrativas, a viagem foi romantizada e estetizada.

A perda de sentido espacial do "fantasma de Susquehanna" é um caso particular dos que, perdendo a orientação, não estão mais subordinados ao tempo; dos loucos celebrados no início de *On the Road*:

> [...] porque, para mim, pessoas mesmo são os loucos, os que estão loucos para viver, loucos para falar, loucos para

serem salvos, que querem tudo ao mesmo tempo agora, aqueles que nunca bocejam e jamais falam chavões, mas queimam, queimam, queimam, como fabulosos fogos de artifício explodindo como constelações em cujo centro fervilhante – pop! – pode-se ver um brilho azul e intenso até que todos "aaaaaah!". (idem, p. 25)

Por isso, o Big Slim Hazard evocado em *On the Road* e *Vanity of Duluoz* é um tipo por excelência: simultaneamente louco – ou diagnosticado como tal e por isso internado – e vagabundo errante por opção.

Os demais internos naquele hospital psiquiátrico militar são colegas, membros de uma comunidade, como se vê pelo relato em *Vanity of Duluoz*. Assim como, na mesma narrativa, os companheiros de prisão do "Bronx Opera House" (o modo como era designado o presídio para "testemunhas materiais", que "cantam"), ao ser preso em 1944 por haver ajudado Carr a ocultar provas de que havia assassinado David Cammerer. O olhar que lança àqueles presos, bandidos de diversas espécies, praticantes de distintas modalidades de crimes, é de simpatia. Vê gangues e confrarias de criminosos e delinquentes como se fossem comunidades, os *bund* da sociologia. Vai descrevendo mafiosos que jogam cartas; irmãos chineses assassinos que se ocupam passando roupas para a família de Chinatown; dois italianos, matadores profissionais, Joe Angeli e Falcon Malatesta, um contratado para liquidar o outro, que se tornam amigos fraternos na prisão; Yogi, o musculoso assaltante judeu. Encanta-se com a diversidade étnica, a coleção de tipos, o modo como se arranjam para viver em paz na réplica de sociedade tribal ou de algum modo arcaico de organização social, fora da sociedade de massas (Kerouac, 1994, p. 232-239).

O personagem perfeito de Kerouac seria, portanto, alguém que fosse ao mesmo tempo negro, louco, emigrante, apátrida e delinquente: inteiramente à margem. É o conjunto de qualidades representadas por seu companheiro na balsa de Dover a Calais, como relatado em *Viajante solitário*. Ao descer do "barco do canal completamente apinhado, centenas de estudantes e dezenas de belas garotas inglesas e francesas com rabos de cavalo e cabelo curto", vai parar, na alfândega,

> [...] ao lado de um negro das Índias Ocidentais que simplesmente nem tinha passaporte e carregava uma pilha de casacos e calças estranhos e velhos – ele respondeu estranhamente às perguntas dos funcionários, parecia extremamente vago e de fato me lembro de ele ter esbarrado distraidamente comigo no barco durante a viagem. – Dois policiais ingleses altos e vestidos de azul estavam observando ele (e a mim) desconfiadamente, com aqueles sorrisos sinistros de Scotland Yard e aquela estranha desatenção mal-humorada e de nariz empinado típica dos velhos filmes de Sherlock Holmes. – O negro olhou para eles aterrorizado. Um de seus casacos caiu no chão, mas ele nem se incomodou em apanhá-lo. – Um brilho insano surgiu nos olhos do funcionário da imigração (um jovem almofadinha intelectual) e depois outro brilho insano nos olhos de um dos detetives, e de repente me dei conta de que o negro e eu estávamos cercados. (Kerouac, 2006, p. 202)

Kerouac tem que se explicar, justificar a chegada à Inglaterra com quinze xelins no bolso e uma aparência que o identificava ao antilhano. Alega que iria receber um cheque de seu editor (o adiantamento pela edição britânica de *On the Road*): "Não acreditaram na minha história – eu não estava barbeado, tinha uma mochila nas costas, parecia um vagabundo andarilho". Como se não bastasse,

> – Àquela altura, o negro tinha sido levado para uma sala dos fundos – de repente, ouvi um gemido terrível como o de um psicopata em um hospício, e perguntei: "O que é isso?".

"É o seu amigo negro."
"O que há com ele?"
"Ele não tem passaporte, nem dinheiro, e aparentemente escapou de uma instituição para doentes mentais na França. [...] (idem, p. 203)

O trecho merece transcrição por mostrar o humor de Kerouac, inclusive em seu epílogo. O editor inglês não é localizado, pois era sábado. Obrigam-no a provar que é escritor:

> [...] Revirei minha mochila e de repente encontrei um artigo em uma revista sobre Henry Miller e eu e o exibi para o cara da alfândega. Ele sorriu:
> "Henry Miller? Isso é ainda mais notável. Ele foi detido por nós há alguns anos, escreveu um monte de coisas sobre New Haven." (idem, ibidem)

Kerouac certamente ficcionalizou, inventou total ou parcialmente o episódio. O artigo juntando-o a Miller é real: de Rexroth, em *The Nation*. Mas Miller haver sido barrado ao tentar entrar na Inglaterra é narrado por ele em um conto, "Via Dieppe-Newhaven" – mais provável Kerouac tê-lo lido (saiu nos Estados Unidos em 1955) do que os funcionários da alfândega saberem do episódio.

Um dos *Fragmentos logológicos* de Novalis poderia servir como epígrafe geral de Kerouac:

> A loucura comunal deixa de ser loucura e torna-se mágica. Loucura governada por leis e em plena consciência.
> Todas as artes e ciências repousam em harmonias parciais.
> Poetas, loucos, santos, profetas. (Novalis 1997, p. 61; cf. Willer 2010, p. 250)

Ou, reciprocamente, a leitura do conjunto da obra do beat pode mostrar o sentido e o alcance do fragmento do romântico alemão. Não pretendeu Kerouac, declaradamente, equiparar poetas, loucos, santos e profetas? E não procurou dar um sentido "comunal", comunitário, à convivência com esses personagens de exceção?

Há simetria com Ginsberg nesse tópico: também foi internado, e sua mãe, esquizofrênica, morreu em um hospício. Um trecho especialmente intenso de sua poesia, a terceira parte de "Uivo", é imprecação contra hospícios, em favor de Carl Solomon, então novamente internado:

> Carl Solomon! Eu estou com você em Rockland
> onde você está mais louco do que eu
> [...]
> Eu estou com você em Rockland
> onde você grita dentro de uma camisa de força que está perdendo o verdadeiro jogo de pingue-pongue do abismo
> Eu estou com você em Rockland
> onde você martela o piano catatônico a alma é inocente e imortal e nunca poderia morrer impiamente num hospício armado, [...] (Ginsberg, 2010, p. 36)

7
As vozes dos outros

Entendendo-se Kerouac como memorialista do impossível, não só do passado cronológico mas do tempo arquetípico, então duas de suas obras adquirem relevo: *Doctor Sax* e *Visões de Gerard*. São as que tratam da infância e, por isso, as que mais regridem no tempo cronológico.

Em *Doctor Sax*, não adotou a escrita espontânea, a improvisação bop, porém a criação no modo laborioso, "trabalhado". Retomou-a diversas vezes desde seu início, em 1948, até a entrega aos editores, em 1958, para ter uma péssima recepção pela crítica, que o massacrou: confundiram-se com a complexidade da obra, com sua multiplicidade de registros. Se Kerouac vinha sendo combatido por disseminar o estereótipo dos viajantes alucinados, dessa vez o foi por apresentar algo diferente – isso, no contexto de uma campanha contra os beats, fortalecida pelo fato de o diretor do FBI, J. Edgar Hoover, declará-los inimigos públicos.

Nela, há dois tempos. Um da cronologia real, de sua infância. Outro mítico, no qual transcorre o combate entre uma serpente no seio da terra e um herói, o "Doctor Sax" do título: uma cosmogonia. Alternam-se e confundem-se o relato da origem e fim do mundo e a reconstituição da infância. Integra o universo do mito e aquele das tiras em quadrinhos e narrativas radiofônicas do "Sombra" e personagens afins, importantes em sua formação.

Visões de Gerard, o mais católico de seus textos, é sobre o irmão morto quando Kerouac tinha quatro anos de idade. Evoca aquilo de que não se lembrava mais. Como bem observado em um ensaio recente (Matt Theado, "*Tristessa* e *Visões de Gerard*" em Zott, 2003, Vol. III), a substância da narrativa é o que seus pais lhe contavam sobre Gérard. Kerouac declarou, em uma carta a Cassady, que se lembrava apenas de dois dos episódios naquele livro: o restante tinha como base aqueles relatos (Theado, idem, p. 128). Isso contribui para esclarecer a relação do oral e do escrito em Kerouac. Pode ser que a valorização da transmissão oral, e por extensão da fala e da voz em toda a sua obra, tenha origem nessa experiência de infância.

O *joual*, dialeto franco-canadense que falou até os cinco anos de idade – e que continuaria a usar ao relacionar-se com a mãe, conforme atesta o testemunho de sua segunda esposa, Joan Haverty (Knight, 1996, p. 88) –, é língua de transmissão exclusivamente oral. Não tem literatura própria – ao menos, até a publicação de *Doctor Sax*, que serve até mesmo para aprender algo desse linguajar, já que diálogos em *joual* vêm seguidos de tradução para o inglês.

Narrativa falada, transmissão oral: veículos da tradição. Para Miles, ao relatar a proveniência bretã da família de Kerouac, "a mesma tradição celta que subsidiou a obra de Yeats, Joyce, Dylan Thomas e Samuel Beckett" e que "pode ser vista alcançando Kerouac através de uma rota histórica e geográfica diferente" (Miles, 2012, p. 27). Foram um povo ágrafo até o século V d.C: "Todas as suas tradições eram transmitidas de modo oral". Isso "levou ao desenvolvimento de técnicas orais avançadas: a incorporação da história e da lenda em longos poemas épicos e em sagas que podiam ser gravadas na memória e eram recitadas para os chefes e seus seguidores [...]" (idem, p. 26). O biógrafo faz uma dupla associação: ao "treinamento da memória" e à sacralização dessa transmissão oral:

> Uma vez que o conjunto de sua filosofia moral estava consolidado em sua poesia e não podia ser obtido de outra

maneira, os celtas passaram a encarar todo conhecimento como uma posse espiritual, e sua aquisição era vista como espiritual, ou "inspirada". A "inspiração era altamente admirada, como ocorria com Kerouac. Sua crença na "prosa espontânea" [...] mostrava que traços da tradição oral épica sobreviveram em Kerouac 1.500 anos depois que sua gente aprendeu a escrever. (idem, ibidem)

A valorização do oral frente ao escrito é outro tema forte em Platão; especialmente no *Fedro*, na famosa passagem em que a escrita, cuja invenção, atribuída a Thoth (equivalente a Hermes Trismegisto), é desaconselhada pelo rei por acarretar a perda da memória:

> [...] tu, pai da escrita, tu lhe atribuis benevolamente uma eficácia contrária àquela de que é capaz; pois ela provocará o esquecimento nas almas, fazendo-as negligenciar a memória: confiantes na escrita, é de fora, por caracteres estrangeiros, e não mais de dentro, do fundo deles mesmos, que procurarão suscitar suas lembranças; encontraste o meio, não de reter, mas de renovar a lembrança, e o que tu vais proporcionar a teus discípulos é a presunção de terem a ciência, não a própria ciência [...] (Platão, 1964, p. 165)

A escrita foi criticada por Platão por comprometer a memória, ou seja, a possibilidade da anamnese; por isso, interpretada como *pharmakon*, elixir medicinal ou veneno. Essa oposição escrita-memória já inspirou ensaios relevantes, como *A Farmácia de Platão*, de Jacques Derrida e as passagens em *The Art of Memory*, de Yates (cf. Willer, 2010, p. 132).

Teria Kerouac lido o *Fedro*, com seu elogio à fala? Ou, intuitivamente, foi construindo uma cosmovisão platônica a partir dessa dualidade; do contraste da fala, dele, da mãe (o pai preferia se expressar em inglês) e de sua comunidade, e da escrita dos outros, da sociedade na qual a comunidade estava inserida?

Ambos, certamente. Assim reconstituiu algo que faz parte dos fundamentos de religiões: o sagrado é sonoro, oral. Deus se manifesta como voz, observa Scholem:

> A verdade, no sentido que o judaísmo foi o primeiro a dar à palavra Deus, era a acústica = linguisticamente perceptível. A revelação, segundo o conceito didático da Sinagoga, é um processo acústico, não visual, ou algo ocorrido, no mínimo, numa esfera que está relacionada metafisicamente com o processo acústico, sensível. Esse fato é sempre de novo ressaltado no verbo da Torá (Deut. 4:12): "Não vistes nenhuma imagem – apenas uma voz". (Scholem, 1999, p. 9)

O Deus dos monoteísmos não se mostra visualmente, não manda cartas ou publica textos: apenas fala.

Prostrado pelo alcoolismo, incapaz de cuidar de si mesmo, como relatado no dramático depoimento de *Big Sur*, o Kerouac terminal envolvia-se em toda espécie de incidentes e confusões (como nas vezes em que foi espancado em bares, ao final de bebedeiras). Ao mesmo tempo, escreveu *Vanity of Duluoz*, e, contrastando com outro episódio da mesma época, quando Bruce Cook, autor de *The Beat Generation*, desistiu de entrevistá-lo, deu uma entrevista clara e informativa para Ted Berrigan e Adam Saroyan, publicada na *Paris Review*. E, já em 1969, às vésperas da morte (mas reaproveitando algo escrito em 1951), completou *Pic*. O protagonista é um garoto negro da Carolina do Norte chamado Pictorial Review Jackson, apelidado de Pic. Órfão, vive em situação de miséria extrema com parentes que o detestam. É resgatado pelo irmão mais velho, um músico de jazz que o leva a Nova York e depois à Califórnia.

A *persona* e a voz do narrador são as desse garoto, com uso pleno da aloglossia, desde a abertura:

> Ain't never nobody loved me like I love myself, cept my mother and she's dead. (My grandpa, he's so old he can

remember a hunnerd years back but what happened last week and the day before, he don't know.) My pa gone away so long ago ain't nobody remember what his face like.[46] (Kerouac, 1981, p. 119)

Pic é outro, alguém completamente diferente de Kerouac; ao mesmo tempo, um alter ego. Nas viagens do menino, reproduzem-se episódios de *On the Road* e da vida do próprio Kerouac; um deles, o emblemático encontro com o "fantasma de Susquehanna". Não obstante, registra Nicosia, em um trecho retirado da versão final, Pic, ao término do relato, encontra-se em Nova York com Kerouac e Cassady. Como observa o biógrafo,

> Quase todo incidente em *Pic* comenta algo que aconteceu a Jack, e o faz da nova perspectiva de ver-se como membro de outra raça. Que Kerouac devesse interpretar a si mesmo como um garoto negro não é tão surpreendente, considerando que os Canucks eram *les nègres blancs*. (Nicosia, 1983, p. 695)

Pode ser reducionista interpretar a complexidade da obra de Kerouac só pela origem e bilinguismo, por haver aprendido a expressar-se na língua de uma comunidade fechada, distinta daquela da sociedade em que estavam inseridos, ele, a família e a comunidade; e, ainda, com um desvio com relação a outra língua culta, o francês. Mas o paralelo do inglês crioulo de "Pic" com o francês macarrônico de sua infância é evidente.

---

46. Aproximadamente, apenas preservando o sentido: "Nunca ninguém me amou como eu me amo, exceto minha mãe e ela está morta. (Vovô, ele tá tão velho que pode lembrar cem anos atrás, mas o que aconteceu a semana passada e ontem ele não sabe.) Papai tendo ido faz tanto tempo, não tem ninguém que se lembre de como era a cara dele". O modo de expressar-se de negros do Sul dos Estados Unidos é intraduzível por sua especificidade, inclusive de sintaxe; usar "num" em vez de "não" ou "tá" em vez de "está" não basta como solução.

Nicosia sugere algo de atávico na identificação de Kerouac com negros. Se Rimbaud declarou-se negro, o beat deu um passo adiante: expressou-se como negro em *Pic*. E também como *canuck*, em *joual*, em passagens de *Visões de Cody*, obra na qual se declara índio, em mais uma paráfrase de Rimbaud:

> [...] meu cabelo balançando em tufos com as pontas quadradas para trás como um índio, Cody dizendo sem parar que eu pareço um índio e eu falo para ele da minha avó Iroquois ao norte de Gaspé, em 1700, eu pertenço à raça dos índios expulsos de todos os cantos do hemisfério ocidental no Novo Mundo exceto na América, haha – (Kerouac, 2009, p. 350)

Um trecho desse livro vale-se ao mesmo tempo de uma língua falada, o *joual*, e comenta literatura, mas através de obscenidades e impropérios:

> [...] morceau d'marde, susseu, Gros fou, envi d'chien em culotte, ça c'est pire – em face! – fam toi! – chrashe! – varge! – frappé! – mange! – foure! – foure moi' Gabin! – envalle Céline, mange l'e rond ton Genêt, Rabelais? [...] (idem, p. 378)

Outra passagem oferece interesse adicional pelo hibridismo; combina *joual*, inglês falado, palavras-baú, onomatopeias e glossolalias. É o suposto diálogo entre um padre (ou Deus?) e um coroinha:

> COROINHA: tedum te dieum.
> SR. Mono-ló-ó-go-lo [...] – eh, weyondom, *il faut saccotez dans un moment comme ça? Arrête... parlez.... tu sais, bien tu sais, mon vieux, a tarra ecri um let si tu larrra lasse faire la pauvedit maudite comme quelle eta belle et tabarnac shi shpa capable faire ça dans l'derrière et fre mon* o padre falava sozinho num monotéski entonalizante e entonatitaviano la música *la musique la belle mais arrête donc il faut arrêtez un moment?* E assim por diante sozinho

COROINHA. Ekara-du-rium?
SR. (estalando uma articulação) Paradorum, etaborum, bumbumdorum, etara, metaradelamarea, *c'est impossible de setangler jê veux dire se desetangletai* stev barrfora condt nocamnho skehe otrara ela jiprafora, echrie e, Frância pare idl algns e fracasst tna dh illnrrglt, mais emeie o ejeu – (idem, p. 284)

Um dos trechos exaltados da louvação a jazzistas em *On the Road* é sobre um dos mais originais dentre aqueles músicos. É quando Kerouac e Cassady se encontram com Slim Gaillard, o excêntrico guitarrista negro que, ao falar, se expressa através de glossolalias, fonemas não semantizados. Cassady o proclama "Deus"; Kerouac o retrata como iluminado, xamã:

> Slim Gaillard é um negro alto e magro com grandes olhos melancólicos que tá sempre dizendo "Legal-oruni" e "que tal um bourbon-oruni?" [...] E então [depois de interpretar seu jazz] ele se levanta lentamente, pega o microfone e diz, com muita calma: "Grande-oruni... belo-ovauti... olá-oruni... bourbon-oruni... tudo-oruni... como estão os garotos da primeira fila, fazendo a cabeça com suas garotas-oruni... oruni... vauti... orunirumi...". (Kerouac, 2004, p. 219-221)

Ele ainda "grita coisas malucas em espanhol, em árabe, em dialetos peruanos e egípcios, e em cada língua que conhece, e ele conhece inúmeras línguas".

Sim, "inúmeras línguas" – mais a língua pessoal, equivalente ao "falar em línguas" pentecostal: às glossolalias, os fonemas não semantizados dos rituais em doutrinas iniciáticas. Conforme a antropóloga Felicitas Goodman, há padrões em comum nessas manifestações em contextos tão distintos: cultos pentecostais, tribais e outras práticas religiosas nas quais ocorrem transes ou possessões (Goodman, em Eliade, 1985, vol. VI, p. 563-566). Correspondem à "outra língua" aprendida pelos xamãs em seu trajeto iniciático, segundo Eliade.

Paz mostrou que a mesma manifestação reaparecia em poetas modernos: Vicente Huidobro, Velimir Khlébnikov, Antonin Artaud, Kurt Schwitters. Interpretou-a como tentativa de recuperar a linguagem adâmica ou divina; aquela do tempo que precedeu a Queda (Paz, 1991, no ensaio "Leitura e contemplação").

A fala sagrada, mágica, é não significativa, puramente sonora, como também expõe Scholem:

O fato de que a atuação da palavra vai muito além de todo "entendimento" é algo que não precisa apoiar-se na especulação religiosa, pois tal é a experiência do poeta, do místico e de todo falante que se delicia com o elemento sensível da palavra (Scholem, 1999, p. 15).

Slim Gaillard foi, sem dúvida, um personagem sob medida para corresponder à preferência de Kerouac por excêntricos e marginais. Mestiço, teria nascido em Cuba, filho de uma afro-cubana e de um grego. Segundo outra versão, era norte-americano, de Detroit; levou uma vida errante, morou na África e de fato sabia oito línguas, além de haver criado um dicionário para seu vocabulário particular.[47] Como músico, foi ao mesmo tempo um intérprete típico de blues, da mesma estirpe do exuberante Cab Calloway, e um precursor e improvisador. Seu "*Tutti Frutti*", dos anos 1930, antecipou, de modo evidente, o rock que se imporia duas décadas mais tarde. E seu ecletismo o aproxima das modernas correntes "fusion". Por haver misturado repertórios e ter sido provocador e performático (chegou a apresentar-se tocando piano com as palmas para cima e guitarra com a mão esquerda, um comportamento ofensivo para profissionais), foi um marginal até no mundo jazzístico, embora se houvesse apresentado com Charlie Parker, Dizzy Gillespie e outros expoentes.

O trecho sobre Gaillard, em especial, e os relatos de encontros com vagabundos, em geral, permitem uma interpretação da

---

47. Informações sobre Slim Gaillard utilizam o verbete da Wikipédia, http://en.wikipedia.org/wiki/Slim_Gaillard e links associados.

devoção de Kerouac por tais personagens, tanto à luz do misticismo quanto literária: eles *falam*. São oraculares, sibilinos: a frase cifrada, enigmática, é, assim como na Antiguidade, uma profecia. Representam a língua falada em sua expressão mais genuína. A intenção de Kerouac – realizada especialmente em *Visões de Cody*, com suas páginas de transcrição de fita gravada – era trazer tais sons para a escrita. Como anotou nos diários:

> *On the Road* é meu veículo com o qual, como um poeta lírico, como um profeta leigo, e como possuidor de uma responsabilidade com minha própria personalidade (o que quer que ela esteja louca para fazer), desejo evocar essa música triste indescritível da noite nos Estados Unidos – por razões que são mais profundas que a música. É o verdadeiro som interior de um país. (Kerouac, 2006, p. 256)

Na busca do "som interior" e das vozes das ruas, também registrou encontros com Joe Gould, uma lenda urbana: o idoso, quase pedinte, que perambulava pela noite de Nova York e supostamente preenchera cadernos com a "história oral" daquela cidade[48] (Kerouac 2006, p. 108 e 175). Embora de fato houvesse cadernos com anotações de Gould, a obra, *An oral history of our time*, não existia. Ele ainda aparece em *Vanity of Duluoz*, em um episódio de 1942 (Kerouac, 1994, p. 216).

Colocar o som à frente do sentido torna intraduzível boa parte da poesia de Kerouac, dos *choruses* de seus *blues*. Ou então, um dos textos expondo sua poética, *Old Angel Midnight*, com páginas escritas nesta algaravia:

> Insteada which hey marabuda you son of a betch you cucksuker you hey hang dat board down here I'll go cot you on

---

48. Gould foi tema de matérias pelo jornalista Joseph Mitchell, publicadas no *New Yorker* em 1942, reunidas em livro e que inspiraram um filme, *Crônica de uma certa Nova York*, de 2000, dirigido por Stanley Tucci e protagonizado por ele mesmo e Ian Holm.

the Yewneon ya bum ya – lick, lock, mix it for pa-tit a a lamina lacasta reda va Poo moo koo – la [*etc.*]. (Waldman, 1996, p. 38)

Torrente de impropérios na qual a produção do sentido é transferida ao som. Aqui, e em outras passagens de sua obra, em poemas e "sketches", esboços ou anotações (mas que contém excelente poesia), trata-se, portanto, de glossolalias.

Neste trecho sobre os sons da floresta da coletânea de "sketches" de 1951-1952, combina tudo – onomatopeias, glossolalias, heteroglossia e vocábulos correntes:

Karagoo Karagin
criastoshe, gobu,
bois-cracke, trou-or,
boisvert, greenwoods
beezy skiliagoo
arrage-câssez
cracké-vieu,
green-in buzz [...] (Kerouac, 2006, p. 96)

O mesmo se encontra em Corso, valendo como exemplo feliz este poema ambientalista e infantil:

The harp of carp, the flute of fluke,
the brass of bass
the kettle of turtle
the violin of marlin
the tuba of barracuda
hail whale! (Olson, 2002, p. 13)

"Harpa da carpa" é possível de traduzir; o final se resolveria com um "Eia baleia!" algo artificial; mas, desde a flauta do linguado (*flute of fluke*) do primeiro verso, o tradutor teria que criar outro poema.

Corso tentou ir além dos limites da palavra; não se limitou a oferecer as imagens alucinantes, surrealistas, de "Bomba", como estas:

As estrelas um enxame de abelhas em sua bolsa de baile
Anjos espetados em seus pés de júbilo
rodas de relâmpago em seu assento fugitivo (Corso, s/d, p. 40[49])

Também inseriu uma sucessão de onomatopeias combinadas a vocábulos transformados em entidades sonoras:

Barracuda BUUM e puma BUUM
Ubangui BANGUE   orangotango
BINGUE BANGUE BONGUE BUUM   boi abelha baiacu
vós BANGUE vós BONGUE vós BINGUE
a asa a brânquia o rabo

E fez mais. Após meses estudando o Egito antigo, criou o "The geometric poem", intrincadas 31 páginas (na edição de *Elegiac Feelings American* da New Directions) de manuscritos, alternados com rabiscos, borrões, desenhos e toda sorte de símbolos gráficos: a representação de um mundo mítico através de uma escrita ao mesmo tempo corrente e ideográfica, ou pictográfica – uma translinguagem (Corso, 1970, p. 37 e segs.).

Olson, em seu ensaio sobre Corso, a propósito do modo como alternou formas e expressões eruditas, vocábulos chulos e gíria, faz observações sobre heteroglossia, "o confronto entre linguagens de elite e aquelas vulgares ou locais", citando Bakhtin (Olson, 2005, p. 20). Contudo, para o pensador do dialogismo, polifonia e carnavalização, tal heteroglossia caracterizou a narrativa em prosa, e não a poesia:

---

49. É a tradução de Márcio Simões na coletânea à qual me referi na nota introdutória.

Na maioria dos gêneros poéticos (no sentido estrito do termo), conforme já afirmamos, a dialogicidade interna do discurso não é utilizada de maneira literária, ela não entra no "objeto estético" da obra, e se exaure convencionalmente no discurso poético. No romance, ao contrário, a dialogicidade interna torna-se um dos aspectos essenciais do estilo prosaico e presta-se a uma elaboração literária específica. (Bakhtin, 1994, p. 93)

A seguir, observa que "a dialogicidade interna só pode se tornar esta força criativa e fundamental apenas no caso em que as divergências individuais e as contradições sejam fecundadas pelo plurilinguismo social". E, ainda, "onde o diálogo de vozes nasça espontaneamente do diálogo social das "línguas", onde a enunciação de outrem comece a soar como língua socialmente alheia [...]" (idem, ibidem).

Aceita essa caracterização do "romance" ou, em termos gerais, da narrativa em prosa como encontro de vozes e polifonia, torna-se possível argumentar que Kerouac expôs uma característica fundamental do gênero. E, sem conhecer Bakhtin, tomou ao pé da letra categorias como "diálogo de vozes", "línguas socialmente alheias", compondo "a unidade profundamente peculiar das 'linguagens' que entram em contato e que se reconhecem umas às outras" (idem, p. 101). *Visões de Cody* ilustra essa ideia de contato entre linguagens diversas, de modo vertiginoso.

Sabe-se que, desde Baudelaire e seus termos supostamente impróprios, também a poesia (como mostraram Erich Auerbach e outros estudiosos) apresenta essa característica, a heteroglossia. O poeta de *As flores do mal*, chocando contemporâneos, introduziu termos "impróprios" de modo a promover trocas de lugar ou confusões com a esfera do sublime, do "elevado". Alternou e cruzou abjeção e sublimação. E, também desde Baudelaire, tal procedimento vem suscitando a estranheza e rejeição da crítica literária, que assim atuou em sincronia com a censura. No caso da Geração Beat em geral, e de Kerouac e

Ginsberg em especial, contribuiu para torná-la o mais combatido dos movimentos literários do século XX. Entre outras razões, pelo trânsito da heteroglossia e do plurilinguismo da narrativa em prosa, seu lugar próprio conforme Bakhtin, para a poesia – naquela do próprio Kerouac, em Corso, Ginsberg e McClure. E não só por trazer para o poema a diversidade vocabular e de modos de expressar-se, os vários socioletos, mas por refletir, usando termos de Bakhtin, o "caos da linguagem" (idem, p. 104) – uma expressão que Kerouac teria apreciado e adotado, se tivesse conhecido o formalista russo.

Na poética bakhtiniana, o plurilinguismo, típico da narrativa em prosa, é associado à manifestação do outro; "*o discurso de outrem na linguagem de outrem*" (grifo do próprio Bakhtin – p. 127). Mas na poesia beat, assim como em outras manifestações da modernidade e contemporaneidade, esse outro ou "outrem" intervém no poema. Entre outros modos possíveis, através da utilização dos mantras, como neste final de um poema de Ginsberg sobre as planícies de Cleveland, no qual passa de um registro a outro:

> [...]
> Movam-se ó rodas movam-se
> à Independent Tower –
> Dakota Hotel, velho apartamento de tijolos vermelhos,
> Carnegie acima até o University Circle,
> Om Om Om As Ra Wa Buddha Dakini Yea,
> Benzo Wani Yea   Benzo Bero
> Tzani Yea Hum Hum Hum
> Phat Phat Phat Svaha! (Ginsberg, 1987, p. 49)

Em uma escala da heteroglossia beat, Ginsberg teria destaque. Isso, pelas obscenidades alternadas a formas e vocábulos litúrgicos em poemas como "Uivo" e "Kaddish". Um dos exemplos, do final de "Kaddish":

Ó, mãe
o que eu deixei fora
Ó, mãe
o que eu esqueci
Ó, mãe
adeus com um comprido sapato preto
adeus
com o Partido Comunista e uma meia rasgada
adeus
com seis fios de cabelo negro no vão dos teus seios
adeus
com teu velho vestido e uma longa barba negra ao redor da vagina [...] (Ginsberg, 2010, p. 102)

Negócios de família, correspondência de Ginsberg com o pai, Louis, registra reclamações dele pela impropriedade da "longa barba negra ao redor da vagina" (Ginsberg 2011).

Na poesia subsequente, há calão mesclado a seus "hare krishna hare hare"; ou um poema como *"Please Master"* ("Por favor, senhor"), com a descrição bem detalhada e explícita, em termos crus, de como é ser sodomizado, mas com o refrão, *Please Master*, a conferir-lhe qualidade litúrgica (Ginsberg, 1984, p. 494, ou 1987, p. 88).

McClure também tem uma obra rica em glossolalias e onomatopeias, como os rugidos de seus *Ghost Tantras* ("Tantras fantasmas"), os *"GOOOOOOOOOOR!/ GROOOOOOOOOOOOOOOOH!/ GOOOOOOOO./ ROOOOOOOOOOH!/ POWFF! RAHH! BLAHHR!"* (McClure, 2005).

Introduzir réplicas de sons de animais em poemas é, evidentemente, caso limite da aloglossia. Vêm em seguida a bastante pornofonia, os relatos diretos de sexo do livro anterior, *Dark brown*: "minha face põe sua boca sobre meu pau. olho para dentro da sua bunda e cu! sinto seus lábios e dentes em meu pau" (Waldman, p. 321).

Combinar termos religiosos e formas litúrgicas com a obscenidade pode não ser mera blasfêmia. Eliade, ao comentar rituais tribais de iniciação em grupos africanos nos quais "as mulheres dançam nuas e aprendem canções licenciosas e terríveis insultos", observa que "mesmo os insultos e o vocabulário cru e obsceno comportam valores mágico-religiosos". Fala na "força mágica da obscenidade". Dando como precedente histórico o comportamento das mênades, as bacantes dionisíacas, interpreta:

> Inverter o comportamento normal é, em suma, passar da condição cotidiana, regulada pela força das instituições, a um estado de "espontaneidade" e de frenesi que torna possível uma participação mais intensa nas forças mágico--religiosas. (Eliade, 1999, p. 60)

A fronteira entre o deboche e a manifestação religiosa é, portanto, intangível. Palavrões, vocabulário chulo, podem ser um modo da aloglossia, não só literária, porém místico-religiosa.

Na obra de Kerouac os diferentes códigos e vocabulários se combinam em uma trama intrincada, tornando-o um autor difícil – por isso, até hoje incompreendido e mal assimilado por alguns críticos.

Em *Tristessa* ele se compraz de modo evidente com a alofonia e heteroglossia; ouve os sons da outra língua e se expressa em uma mistura de *joual*, espanhol e inglês:

> "Olha ali o táxi – ei, é eeleee que – la vai você – Eu trago de bolta yur moa-ny." Moa-ny, dinheiro. Ela fala de um jeito parecido com minha velha tia franco-canadense lá em Lawrence[50] "Não quero su moa-ny, o que quero é yur loave." Loave, amor. "És yur lawv." Lawv, a lei. (Kerouac, 2006, p. 14)

Mas é *Visões de Cody* que mais representa o encontro de dois registros: aquele da criação literária e da fala, das vozes das ruas. O trecho mais delirante, que mais se identifica à escrita

---

50. Ou seja, parecido com a fala de sua mãe em Lowell.

automática surrealista e leva a prosódia bop a extremos, também é aquele em que há mais referências a autores de sua predileção, Melville, Whitman, Conrad e Joyce, com alusão ao monólogo de Molly Bloom do final de *Ulisses*:

> [...] o Rumor das Águas, a Noite, o Vento à Noite e o Toque dos Lábios pelos Campos à Noite, o Monte Leitoso dos Amantes na Grama, Eu e Ela, Montados Um em Cima do Outro na Grama, Debaixo da Macieira, Debaixo das Nuvens que Encobrem a Lua, no Vasto Mundo, a Estrela Úmida na Buceta Dela, o Universo Derretendo as Laterais do Céu, a Sensação de Calor, a Estrela Úmida entre as Coxas Dela, a Enfiada Quente, o Movimento na Grama, o Rataplã das Pernas, as Roupas Quentes, os Mosquitos Sedentos, as Lágrimas, o Tremor, as Mordidas, as Línguas, os Gestos, os Gemidos, o Movimento, o Embalo, a Batida, Ah, Meu Deus, Meu Deus Está Vindo, Está Vindo e Vem, Duas, Três Vezes. (Kerouac, 2009, p. 366)

Aproximações de Kerouac a Joyce nada têm de gratuito: *Ulisses* é várias vezes citado nos *Diários*; e Nicosia, além de ver em *Visões de Cody* um jogo entre *Ulisses* e *Finnegans Wake*, também relata que essas narrativas eram lidas em voz alta por Kerouac e amigos, para captar a prosódia (Nicosia, 1986, p. 365). Pode-se ir além: a estreia de Kerouac, *Cidade pequena, cidade grande*, seu *bildungsroman*, está para o *Retrato do artista quando jovem* (inclusive com o acerto de contas com a formação católica) assim como *Visões de Cody* está para *Ulisses* e *Finnegans Wake*.

Estudiosos como Nicosia e Olson oferecem outra pista valiosa para a interpretação da afinidade de Kerouac e outros beats por marginais: seu modo de expressar-se é sintético, enigmático, pois não lhes interessa serem compreendidos por estranhos, aqueles que estão "por fora", alheios a seu meio e atividades. É, portanto, semelhante ao uso de símbolos em seitas secretas, a exemplo de maçons e alquimistas: o vocabulário próprio, incompreensível para o não iniciado, era um modo de se defenderem das perseguições.

Interpretações sociológicas, históricas e literárias da valorização da língua falada e da consequente identificação de Kerouac e demais beats com marginais, bem como aquelas à luz do misticismo, convergem. Delinquentes, jazzistas e vagabundos, ao adotarem a aloglossia, expressam-se, utilizando a expressão de Octavio Paz para caracterizar a poesia, como a "outra voz":

> Entre a revolução e a religião, a poesia é a outra voz. Sua voz é outra porque é a voz das paixões e das visões; é de outro mundo e é deste mundo, é antiga e é de hoje mesmo, antiguidade sem datas. Poesia herética e cismática, poesia inocente e perversa, límpida e viscosa, aérea e subterrânea, poesia da capela e do bar da esquina, poesia ao alcance da mão e sempre de um mais além que está aqui mesmo. Todos os poetas, nesses momentos longos ou curtos, repetidos ou isolados, em que são realmente poetas, ouvem a voz outra. É sua e é alheia, é de ninguém e é de todos. [...] Plenitude e vacuidade, voo e queda, entusiasmo e melancolia: poesia. (Paz, 1990, p. 140).

Kerouac foi musical de modo total. Apreciava todas as modalidades; desenvolveu sua sensibilidade ouvindo rádio; transitou do mais popular ao mais refinado erudito. Em *Anjos da desolação*, relata o encantamento, de volta do exílio na montanha, ao ouvir no rádio o *crooner* Vic Damone. Apreciava imitar Frank Sinatra. Em *Vanity of Duluoz*, conta como entrou na fila, junto com as fãs ensandecidas, para uma de suas apresentações em 1941. Na mesma narrativa, para descrever a solidão ao ingressar na universidade:

> Estou sentado em um sofá no salão da fraternidade tocando os discos de Glenn Miller na altura máxima. Quase chorando. Glenn Miller e Frank Sinatra com Tommy Dorsey, "The One I Love Belongs to Somebody Else" e "Everything Happens to Me", ou de Charlie Barnet "Cherokee". "This love of Mine". (Kerouac, 1994, p. 78)

Ao mesmo tempo, informa Nicosia, para inspirar-se punha na vitrola, a todo volume, oratórios de Bach e Händel. No trecho em que relata a representação de *Fidelio*, de Beethoven, após sua chegada a Denver, no primeiro ciclo de viagens de *On the Road*, é evidente o quanto apreciou a sessão. Como citado, declarou a Don Allen que ouvir a *Quinta Sinfonia* de Beethoven o convenceu a largar o futebol em favor da literatura. Na versão do mesmo episódio em *Vanity of Duluoz*, passa de Beethoven a Wagner, em uma experiência de êxtase e sinestesia após voltar à casa paterna e resolver trabalhar em uma borracharia:

> Aquela noite, em meu quarto, enquanto Mamãe e Papai dormiam, toquei Richard Wagner enquanto olhava o Som iluminado pela Lua. Sonhei que estaria navegando naquele Som algum dia, logo. Era a "Música do Fogo Mágico" de *Die Walküre* [...] (idem, p. 94)

Igualmente em *Vanity of Duluoz*, relata que se inspirara na *Quinta Sinfonia* de Dmitri Shostakovich ao romper com a Marinha de Guerra, no episódio que resultou em sua internação. Momentos especiais, rupturas decisivas pediam fundos musicais imponentes e sublimes.

A Geração Beat foi associada, com razão, ao jazz bop em sua formação. E ao pop-rock como legado. Mas, assim como na política e na religião, a diversidade e heterodoxia também caracterizaram aquele movimento no campo da expressão musical. Ginsberg começa um de seus diários da década de 1940 informando que aquela noite iria à ópera, ao Metropolitan. Outro concerto no Metropolitan, mas com Duke Ellington: é quando ocorre a separação de Kerouac e Cassady ao final de *On the Road*. Corso, em *Anjos da desolação*, declara que não quer mais saber de jazz e que gosta mesmo de Wagner, além de não suportar a pobreza mexicana (Kerouac, 2010, p. 242). A discografia de Ginsberg abrange desde suas apresentações com Orlowsky utilizando o estilo *country*, *folk*, para musicar poemas, até a ópera *Hydrogen Jukebox*, baseada em "Uivo", do erudito Philip Glass.

Conforme biógrafos e em *Vanity of Duluoz*, coincidindo com sua vinda a Nova York, aos dezessete anos, em 1939, para cursar a escola preparatória Horace Mann, Kerouac descobriria o Minton's e o Apollo Theater, onde se processava a revolução bop. Naquele ano, entrevistou Dizzy Gillespie para o jornal da escola. Seu culto a jazzistas resultou em páginas de prosa poética em *On the Road*, no trecho publicado alguns anos antes do livro sair, *Jazz of the Beat Generation*, e em outras de suas obras. As razões são evidentes: a improvisação e espontaneidade que inspirou a *prosódia* bop; e por serem, na maioria, negros vivendo no *underground* e na noite. Maior exaltação ainda, diante de pianistas cegos, como Lennie Tristano e George Shearing, comparado a Deus em *On the Road* (recíproca: outro jazzista cego, Ray Charles, compôs *Hit the Road, Jack*, homenageando-o).

Expressão oral e musical têm uma ligação arcaica. São os tambores e cantos tribais, passando pela música como chave do universo em Pitágoras, a música das esferas. Já na década de 1960, Ginsberg comparava as novas manifestações do rock, a partir dos Beatles, a cultos orientais, africanos e afro-americanos. Por exemplo, na sequência do trecho já citado, sobre sua descoberta da *santería* cubana, ao compará-la ao então novo rock de Liverpool (na entrevista a Bob Elliott, de 1967):

> [...] E também, nos rituais Ioruba da *santería*, pessoas saem fora e entram em estados de transe para Xangô assim como a garotada sai fora e entra em transe por George, ou John Lennon. [...] O que penso ter acontecido, em suma, é que a religião básica dos escravos, por ter sido genuína, por ter sido realmente "soul", está finalmente sendo aceita na forma disfarçada pelas crianças brancas e as está despertando espiritualmente. Assim, é como a vingança da África sobre a classe média branca. [...] Bem, é como se esses rituais de adoração fossem especificamente com a intenção de fazer que cada um balançasse a bunda e despertasse o muladhara xacra. (Ginsberg, 2002, p. 69-70)

A beat formou-se com o jazz, mas expressou-se através do rock – e de música pop, balada country, blues, rap, e criações de vanguarda, experimentais.[51] Tal intimidade com a música é inseparável da vocação oral, de literatura para ser dita em público, além de trazer a língua falada de volta ao texto escrito. Como também observei (cf. Willer, 2009, p. 13 e 27), os beats não apenas ampliaram o público da poesia, mas a presença pública da poesia. Escreveram transcrevendo a fala; reciprocamente, falavam o que escreveram. Não por acaso, a beat rompeu a barreira da exclusão literária em uma sessão de leitura de poesia, aquela da Six Gallery em 1955. Récitas de poesia existiam há muito, e outros poetas já haviam atraído multidões. Mas seu alcance mudou a partir da beat, desde a subsequente proliferação de sessões em pequenos locais, cafés ou livrarias, que já aconteciam, mas não na mesma escala, até as grandes manifestações ao ar livre, no mundo todo (cf. idem, p. 27).

Músicos bop procuraram mimetizar a fala em seus solos e improvisos; reciprocamente, Kerouac quis reproduzir tais solos instrumentais na escrita. Comparações entre o modo como lia seus textos e gravações de jazz são esclarecedoras. O trecho sobre o encontro com Slim Gaillard é exemplar: música e fala se confundiam. Como registra Bueno, seu tradutor: "*On the Road* nasceu para ser lido em voz alta – em inglês" (Kerouac, 2004, p. 380). Confirma o que disse Ginsberg:

---

51. Daí a extensa discografia, passando por Bob Dylan (com quem Ginsberg se apresentou e fez parcerias), Ray Charles (que homenageou Kerouac em *Hit the Road, Jack*), Janis Joplin (*Mercedes Benz*, letra de Michael McClure), Jim Morrison e Ray Manzarek (que fez récitas junto com McClure), e The Grateful Dead (que homenageou Neal Cassady), até The Clash (que teve Ginsberg em shows), Laurie Anderson (com quem Burroughs contracenou), Philip Glass (que compôs uma ópera sobre temas de Ginsberg) e The Band (que se apresentou com Ferlinghetti no concerto filmado por Scorsese) (cf. Willer, 2009, p. 13). Mesmo escrito há décadas, o artigo de Roberto Muggiati em *Alma Beat*, "Beats & Jazz" (1984, p. 73 e segs.), continua válido como informação a respeito.

Kerouac foi o primeiro escritor que conheci que escutava sua própria escrita, que ouvia suas próprias sentenças como se fossem construções musicais, rítmicas, e que podia seguir a sequência de sentenças que compõem o parágrafo como se estivesse ouvindo um pequeno "riff" de jazz, um "chorus" completo [...] (Ginsberg, 1974, p. 152)

O uso do vocabulário religioso ou litúrgico para descrever encontros com jazzistas – afirmando que George Shearing "é Deus", que Charlie Parker "é Buda", e que Neal Cassady "viu Deus" ao encontrar-se com Slim Gaillard, além de perceber "AQUILO" nos solos de um saxofonista – já foi visto como exagero e cacoete. No entanto, como aqui observado, principalmente com base em Scholem, a fala de Deus é sonora e não significativa, assim mostrando o sentido profundo dessas atribuições. Ginsberg já o sabia desde 1948, ao ter sua "iluminação auditiva de William Blake". Como registram biógrafos e ele relatou em sua entrevista à *Paris Review*:

> Na verdade, o que eu acho que fiz foi engatinhar pela saída de emergência até o apartamento de umas meninas que moravam ali. Eu bati na janela delas e disse "Eu vi Deus", e elas fecharam a janela imediatamente. Ah! Quantas histórias eu podia ter contado se elas me tivessem deixado entrar! Porque eu estava num estado mental muito exaltado e a consciência ainda estava comigo – eu lembro que imediatamente fui correndo para Platão e li uma bela imagem no *Fedro* sobre cavalos voando pelo céu, e depois corri para São João e comecei a ler fragmentos de *con un no saber sabiendo... que me quedé balbuciendo*, e depois fui para outra parte da estante e peguei Plotino falando sobre O Solitário – o Plotino eu achei mais difícil de interpretar. (entre outros lugares, em Cohn, 2010, p. 149)

Impressiona a sequência: Ginsberg *ouviu* Blake, proclamou que *viu* Deus e *leu* a fundamentação filosófico-religiosa daquela experiência em Platão, Plotino e San Juan de La Cruz. Condensou uma poética e uma mística.

Inovação beat confundiu-se com algo arcaico: o equivalente, na ocasião inaugural da leitura de "Uivo" na Six Gallery em 1955, ao desempenho dos oradores e aedos que fascinavam comunidades e populações, como relata e comenta Platão no *Fedro* – e em tantas outras ocasiões na Antiguidade. Oradores e poetas inspirados – movidos pelo entusiasmo, o sopro divino segundo Platão, em outro de seus diálogos, o *Górgias*.

8
ILUMINAÇÕES, REVELAÇÕES E PROVAÇÕES

As experiências de iluminação de Kerouac não foram apenas visuais e sonoras, porém integralmente sensoriais. Uma das suas epifanias em situações-limite de cansaço, privação e extrema marginalidade é relatada em *On the Road*, nos parágrafos imediatamente anteriores ao encontro com Slim Gaillard.

Depois de atravessar os Estados Unidos de automóvel, retornando da estada no sítio de Burroughs (em um trajeto que incluiu outro episódio antológico: primeiro LuAnne Henderson e depois Kerouac e Cassady tiram a roupa; viajando nus, retornam ao estado adâmico), acabava de ser abandonado por Cassady, e em seguida por LouAnne. Foi um dos episódios da movimentada vida sexual daqueles beats: Kerouac passara a relacionar-se com LouAnne, primeira esposa de Cassady, e a deserção deste, por sua vez, fora para reatar com a segunda esposa, Carolyn, que também viria a relacionar-se com Kerouac. Foi o "quadrângulo amoroso", como o denominam Gifford e Lee, que alimentaria a quantidade de biografias de Kerouac e crônicas da beat.

Só e sem dinheiro em um quarto de hotel, Kerouac passa fome. E tem visões:

> E por um instante alcancei o estágio do êxtase que sempre quis atingir, que é a passagem completa através do tempo cronológico num mergulhar em direção às sombras intemporais, e iluminação na completa desolação do reino mortal e a sensação da morte mordiscando meus calcanhares e me impelindo para a frente como um fantasma perseguindo

seus próprios calcanhares, e eu mesmo correndo em busca de uma tábua de salvação de onde todos os anjos alçaram voo em direção ao vácuo sagrado do vazio primordial, o fulgor potente e inconcebível reluzindo na radiante Essência da Mente, incontáveis terras-lótus desabrochando na mágica tepidez do céu. [...] Percebi ter morrido e renascido incontáveis vezes, mas simplesmente não me lembrava justamente porque as transições da vida para a morte e de volta à vida são tão fantasmagoricamente fáceis, uma ação mágica para o nada, como adormecer e despertar milhões de vezes na profunda ignorância, e em completa naturalidade. Compreendi que somente devido à estabilidade da Mente essencial é que essas ondulações de nascimento e morte aconteciam, como se fosse a ação do vento sobre uma lâmina de água pura e serena como um espelho. [...] Pensei que ia morrer naquele instante. Mas não morri e caminhei uns sete quilômetros, catei dez longas baganas e as levei para o quarto de Marylou no hotel e derramei os restos de tabaco no meu velho cachimbo e o acendi. (Kerouac, 2004, p. 217)

Na primeira versão de *On the Road*, aquela recuperada do manuscrito original (Kerouac, 2008, p. 243), o mesmo episódio é relatado, até com mais detalhes do relacionamento com LouAnne; mas sem a visão do ciclo das reencarnações e da "radiante Essência da Mente", com seus ecos de neoplatonismo, pitagorismo e budismo. Sabemos hoje que, ao longo de sucessivas revisões (não há apenas uma dicotomia de "manuscrito original" e versão publicada, pois o próprio Kerouac tomou a iniciativa de refazer a narrativa em quatro ocasiões), houve cortes. E acréscimos, como esse aqui transcrito. Devem-se, alguns, à maior aproximação de Kerouac ao budismo.

A comparação das duas versões mostra que na primeira ele está mais próximo de Louis-Férdinand Céline, o autor de *Voyage au bout de la nuit* (*Viagem ao fim da noite*) e *Mort à crédit* (*Morte a crédito*), a quem admirava pelo "grande peso da sua fúria trágica"

(Kerouac, 2006, p. 243) e por trazer a língua falada para a narrativa em prosa. Mas religiosidade e misticismo eram estranhos para Céline; assim como também as experiências do sublime, de êxtases e revelações e o maravilhar-se diante da natureza.

Antes de ser resgatado por Cassady, Kerouac ainda viveria, como relatado no mesmo extenso parágrafo de *On the Road*, mais uma experiência visionária, ou sensorialmente aguda, ao sentir "o cheiro de toda a comida de São Francisco". Descreve em detalhe tudo o que imaginava que estaria sendo servido naquele momento e naquela cidade. Vai desde os "restaurantes de frutos do mar onde os pãezinhos estavam quentes e o próprio cesto seria bom para comer", passando pela "anchova desenhada na capa do cardápio dos frutos do mar", por "cheirar a manteiga derretida e as patas de lagosta", mais os "tenros rosbifes *au jus*, ou galinha assada ao molho de vinho", por "bares onde os hambúrgueres chiavam sobre a grelha e o café custava só um centavo", pelas "costeletas de Fillmore girando lentamente nos espetos", e ainda por espaguetes, ostras, *chow mein*, feijões com chili, batatas, mexilhões cozidos. Tudo isso em uma "neblina, neblina úmida que te deixa faminto e o pulsar do néon da noite suave, o crepitar dos saltos altos das beldades, pombas brancas na vitrine de uma mercearia chinesa...." (idem, ibidem).

Olfato, paladar, olhar e audição juntos. Uma experiência sensorial total.

O entusiasmo diante da comida é característico de Kerouac. Em cada parada nas viagens de *On the Road*, relata o que comeu – preferencialmente, carne de porco ensopada e torta de maçã. Presta contas das provisões de que dispunha em seu retiro na montanha relatado em *Anjos da desolação* e de quantos sanduíches preparava para alimentar-se durante trajetos mais longos, as viagens de ônibus que duravam dias.

Em *Visões de Cody*, logo no começo, a cantina onde Cassady teria lanchado pela primeira vez ao chegar a Nova York ganha uma descrição hiperbólica, alucinada: "Mas o balcão! Brilhante como a Broadway lá fora!". Nele, "cubos de gelatina de morango brilhando vermelhos" e uma variedade de outras gelatinas também coloridas e brilhantes; as "enormes saladas" e as "sobremesas piramidantes"; os "bolos de chocolate gigantescos (com um escatológico brilho marrom) [...] Tudo isso intercalado com garrafas de leite branco muito louco"; mais os "grandes espaços com carnes mal saídas dos fornos e uma enorme faca ao lado"; e a detalhada enumeração do "melhor de tudo – os balcões de frios e sanduíches e saladas" onde há "coisas de passar no pão de todo tipo", incluindo "saladas de ovos grandes o suficiente para acabar com a fome de um gigante" (Kerouac, 2009, p. 28-29). E muito mais: aquela cafeteria precisaria das dimensões de um supermercado para que todos os pratos descritos coubessem nela.

Viajante solitário contém quase um roteiro gastronômico. Declara que "Tânger é uma cidade encantadora, bacana e legal, repleta de maravilhosos restaurantes continentais como *El Paname* e *L'Escargot*, com pratos de dar água na boca" (Kerouac, 2006, p. 178). Na travessia da "inatingível França primaveril", após a chegada a Marselha e o percurso por "paisagens de Cézanne" e "inquietantes árvores do entardecer de Van Gogh", visitando museus, igrejas, sítios históricos, chega a Avignon, onde:

> [...] eu fiz uma das melhores refeições de cinco pratos de toda a Europa no que parecia ser um restaurante "barato" de rua transversal: boa sopa de legumes, uma excelente omelete, lebre grelhada, purê de batatas maravilhoso (amassado em um passador com montes de manteiga), meia garrafa de vinho tinto e pão, depois um delicioso flan com calda, tudo por supostamente 95 centavos, mas a garçonete subiu o preço de 380 francos para 575 enquanto eu comia, e não me dei ao trabalho de reclamar. (idem, p. 190)

Comemora a chegada a Paris comendo:

> Colina abaixo sob a chuva, fui a um esplêndido restaurante na Rue de Clignancourt e tomei uma imbatível sopa cremosa

francesa e uma refeição completa com uma cestinha de pão francês e meu vinho no cálice longo com o qual havia sonhado. (idem, p. 195)

Em *Cidade pequena, cidade grande*, a confraternização familiar quando o alter ego Peter Martin retorna à casa paterna, "a mãe, com expressão corada e ansiosa no rosto, enxugando lágrimas nos olhos, foi até a geladeira e começou a tirar de lá grandes quantidades de seu estoque" (Kerouac, 2008, p. 126). A geladeira, mais a despensa, teriam que ser do tamanho de um armazém, pois segue uma página e meia de enumeração de comidas:

[...] umas boas sardinhas do Maine [...] um pouco de bacon, ovos, presunto [...] bifes de hambúrguer [...] e leite, e alface, e tomates [...] uma salada gostosa [...] salada de frutas, abacaxi, pêssego [...] feijão [...] manteiga de amendoim, geleia [...] um queijo gostoso [...] posso fritar uns bifes desses [...] umas costeletas de cordeiro [...] uns aspargos em lata e umas azeitonas pretas gostosas [...] panquecas [...] um belo prato de sopa de ervilhas [...] (idem, ibidem)

Ao final, todos se contentam com "uma pilha de sanduíches grossos de rosbife".

Outro trecho eufórico em *Cidade pequena, cidade grande* é quando os irmãos festejam com o pai ele ter ganhado dinheiro nas corridas de cavalo (Leo Kerouac era jogador compulsivo):

"O que acha de cada um de nós comer dois bifes, hein?"
"E depois vamos tomar sorvete no Thompson's!"
"Todo o sorvete que você quiser!", gritou triunfante o pai.
"Todos os bifes e costeletas que você quiser, filho, todo o sorvete e tortas e bolos do mundo! Tudo! Mexilhões fritos! Cachorros-quentes! Hambúrgueres! Chucrutes e salsichas! O que vamos comer? Onde vamos começar?", berrou contente. "Garoto! Estou com uma fome de cavalo! Que tal a

Old Union Oyster House para comer uma lagosta com manteiga derretida? Ou talvez a gente possa ir ao Jacob Wirth's para comer feijão e pão preto, ou salsichas, ou bife, e um pouco daquela boa cerveja bock para mim? Nossa, estou faminto! Hein, Mickey? – ou o Pieroti's para belas costeletas bem grossas? Hein, meu filho? Onde vamos comer? Por onde vamos começar?" (idem, p. 95)

Comilanças evocativas também aparecem em *Doctor Sax*. Já em *Tristessa* há um relato estranho, na chave do abjeto. A comida de rua é oferecida em "lugares deliciosos onde eles fazem churros e cortam pra você pedaços salgados açucarados e amanteigados de um sonho fresco e quente tirado da cesta engordurada". Alucinado após ter-se injetado com morfina em uma tentativa de neutralizar seu alcoolismo, Kerouac não recua diante do mais repugnante dessa comida vendida em barraquinhas que apresentavam o mais baixo da baixa gastronomia. Depois de comer um sanduíche que lhe havia sido oferecido por "El Negro", protetor de Tristessa, quer devorar tudo o que está à venda:

> [...] passo correndo, tento comprar tacos, de qualquer tipo, em qualquer barraquinha onde eles gritam "Jovem!" – compro fígados fedorentos de salsichas cortadas dentro de cebolas negras e brancas fumegando em gordura quente que estala sobre o fogareiro feito de um para-lamas invertido – Belisco os calores e os molhos apimentados e acabo devorando bocados inteiros de fogo e sigo correndo – ainda assim eu compro outro, depois dois, de uma feia carne de vaca picada sobre um bloco de madeira, parece que com cabeça e tudo, pedaços de nervos e cartilagem, tudo misturado junto em uma tortilha esquálida e devorado com sal, cebolas e folhas verdes – tudo picado – um sanduíche delicioso quando você encontra uma barraquinha boa. (Kerouac, 2007, p. 44)

A presença tão acentuada da comida em Kerouac é, biograficamente, a expressão de alguém que passou fome; que, em suas aventuras, enfrentou privações. Há, nele, um binômio de fartura e carência, excesso e falta. Em *Vanity of Duluoz* relata que, em seu primeiro emprego depois de abandonar Colúmbia, em uma oficina mecânica em Hartford, desmaiou após dois dias sem comer por estar completamente sem dinheiro enquanto não recebia seu salário – foi socorrido e acolhido por um colega de trabalho (Kerouac, 1994, p. 94).

Também em *On the Road* há contraponto de fome e comida. Ao final da primeira das viagens, retornando a Nova York de carona, completamente sem dinheiro, após ser enxotado do banco de estação de trem no qual dormia,

> Me arrastei para fora da estação, desfigurado. Estava fora de mim. Daquela manhã tudo o que eu podia perceber era sua própria palidez, como a palidez de um túmulo. Eu estava morto de fome, tudo o que me restava em termos calóricos eram as últimas pastilhas para a garganta que eu tinha comprado meses atrás em Shelton, Nebraska: chupei-as por causa do açúcar.

O sofrimento iria perdurar, como mostrado em mais uma das passagens reveladoras de seu senso de humor, da capacidade de achar graça no infortúnio:

> A carona que consegui pegar foi com um sujeito magricela e desfigurado que acreditava no jejum como forma de preservar a saúde. Quando lhe contei que estava morrendo de fome, enquanto rodávamos para o leste, ele disse: "Muito bom, muito bom, não há nada melhor para você. Eu mesmo não como há três dias. Vou viver até os 150 anos". Ele era um saco de ossos, um boneco desengonçado, um palito quebrado, um maníaco. Eu poderia ter pego carona com um gordo endinheirado que diria: "Vamos parar neste restaurante e comer

umas costeletas de porco com feijão". Mas não. Justamente naquela manhã eu tinha que ter pego carona com um louco que acreditava no jejum para a preservação da saúde. Depois de 150 quilômetros, ele ficou indulgente e pegou umas fatias de pão com manteiga que estavam no banco traseiro. Estavam escondidas entre suas amostras de vendedor. [...] De repente, comecei a rir. Estava completamente só no carro, esperando enquanto ele dava uns telefonemas de negócios em Allentown, e eu ria e ria. Deus, eu estava farto e de saco cheio da vida. Mas o louco me conduziu de volta para casa em Nova York. (Kerouac, 2008, p. 139)

Mais notadamente no trecho de *Visões de Cody*, a descrição de alimentos é a escrita de quem fumou maconha, com o aguçamento simultâneo do apetite e da percepção visual resultando na exibição feérica, tão luminosa e colorida, do que havia na cafeteria Hector's. E uma experiência-limite, de alguém pesadamente drogado, alucinado ao combinar bebida alcoólica, morfina e estimulantes, em *Tristessa*.

Literariamente, a comilança sugere afinidade com Rabelais, lido por Kerouac; na modernidade, com Benjamin Péret e suas imagens surrealistas com alimentos; com Joyce, por exemplo, no capítulo onze de *Ulisses*, o episódio das sereias, no qual se come e bebe bastante. E com Henry Miller, com quem Kerouac partilhava tanta coisa: a expansão do texto, o senso de humor, o espírito aventureiro, a admiração por Spengler e Dostoiévski; e que não foi nada regrado também nesse quesito, e não só na vida sexual – há em *Plexus* um banquete combinado ao sexo coletivo entre casais, minuciosamente descrito, especialmente engraçado (Miller, 1990, p. 58 e sgs.).

Em *Memórias do subsolo*, de Dostoiévski, obra importante na formação de Kerouac, também há um jantar – mas que resulta em fracasso, desentendimento do protagonista com os demais convidados.

Na literatura beat, a comida também é tema em uma das narrativas de Diane di Prima, *Dinners and Nightmares* (Di Prima,

2003), na qual, como anunciado no título, relata uma série de jantares (e de pesadelos na segunda parte). Mas a sucessão de menus corresponde a uma intenção definida: por sua diversidade, é metáfora de um modo de vida no qual prevalecem a improvisação e o imprevisto.

Ginsberg menciona alimentos repugnantes em "Uivo", com um sentido talvez equivalente ao das comidas de rua em *Tristessa*:

> que comeram o ensopado de cordeiro da imaginação ou digeriram o caranguejo do fundo lodoso dos rios de Bovery [...] que cozinharam animais apodrecidos, pulmão coração pé rabo borsht & tortillas sonhando com o puro reino vegetal (Ginsberg, 2010, p. 30)

Seria possível a comparação da presença da comida, dessa variedade de alimentos que caracteriza as narrativas de Kerouac, com temas ou tópicos de religiões e do misticismo? À primeira vista, pode parecer estranho e paradoxal, pois a ascese é associada, notoriamente, ao ascetismo. Há, contudo, o ágape, confraternização ao redor de alimentos. E rituais de religiões arcaicas, a exemplo de nossas "comidas de santo", bem como tantos outros banquetes em ocasiões festivas que também são cerimônias, como aquelas dos términos de jejuns, inclusive o Pessach judaico e o Domingo de Páscoa cristão. Essas ocasiões são regidas pelo mesmo binômio de privação e fartura, pois sucedem-se a jejuns e outras provas de fé; mas outras, como as festas católicas do Dia dos Reis e do Natal, não são precedidas pela abstinência.

Já os gnósticos licenciosos, segundo heresiólogos como Epifânio, além do desregramento sexual e toda sorte de abominações – incesto, coprofagia e ingestão de esperma, abortos – também se banqueteavam, perfumavam e adornavam (Layton, 2002, p. 241; cf. Willer, 2010, p. 172). Igualmente, os banquetes tântricos podem ser suntuosos e ao mesmo tempo incluir alimentos não só proibidos, mas repugnantes. Como observou Paz: "Os textos dos tantras, sejam eles budistas ou hindus, não deixam lugar a dúvidas sobre a necessidade de comer alimentos impuros no momento da consagração" (Paz, 1979, p. 67; c. f. Willer, 2010, capítulo nove, onde associo gnosticismo licencioso ao tantrismo por causa desses banquetes).

Diante disso, da proliferação de alimentos na obra de Kerouac, característica diferenciadora inclusive com relação aos demais beats, pode-se arriscar mais de uma interpretação, quer seja no quadro místico-religioso, de qualquer outro paradigma filosófico, ou da crítica literária. A comida desdobra-se em significados. Nas reuniões familiares de *Cidade pequena, cidade grande* e também em *Doctor Sax*, é confraternização e ágape. Em *Tristessa*, é banquete tântrico, quando o iniciado chega a um tal grau de espiritualidade que pode comer tudo, os alimentos mais repugnantes, além de proibidos, sem que isso o afete: prova de santidade, de haver chegado a uma condição superior – assim como injetar-se com morfina, já estando alcoolizado.

Cabe uma interpretação mais geral: em Kerouac, a comida *fala*; é linguagem expressiva. Em cenas como a de *Tristessa*, é alofonia, linguagem do outro, da cultura com a qual Kerouac se comunica partilhando alimentos. A sucessão de tortas de maçã de beira de estrada em *On the Road* é reafirmação ou reiteração de que está percorrendo os Estados Unidos, por isso alimentando-se com sua comida mais típica.

Já nas duas passagens de *Cidade pequena, cidade grande*, a comida é linguagem adâmica, expressão da origem, do paraíso reencontrado. E do passado recuperado em *Visões de Cody*, pois Cassady não está mais em Nova York, reside no outro extremo do país, mas a cafeteria Hector's continua onde estava e resiste ao tempo.

Em alguns dos relatos de refeições e descrições de alimentos em Kerouac, há uma dupla relação com o tempo, que pode ser exemplificada por trechos da prosa poética dos dias em um topo de montanha em *Anjos da desolação*. Em um deles, toma chá; lembra-se de um restaurante chinês no qual também tomou chá:

Então eu entro no restaurante, peço um prato do cardápio chinês e no mesmo instante eles me servem peixe defumado, curry de frango, bolinhos de pato incríveis, delicadas travessas prateadas (com suporte) inacreditavelmente deliciosas cheias de maravilhas fumegantes que você tira a tampa e olha e cheira – com um bule de chá, a xícara, ah, eu como – e como – até a meia-noite – talvez então enquanto tomo chá eu escreva uma carta para a minha amada Mãe, contando para ela – depois de pronto, ou eu vou para a cama ou para o nosso bar, o The Place, para encontrar o pessoal e encher a cara... (Kerouac, 2010, p. 56)

Tomar chá e lembrar-se: com o acréscimo de um biscoito molhado no chá, compõe uma das mais famosas passagens da literatura moderna, aquela do primeiro volume de *Em busca do tempo perdido*, de Proust, *No caminho de Swann*. O narrador e protagonista toma chá e mordisca a *madeleine;* experimenta um estado "desconhecido"; sente "algo se despertar"; e "de repente, a lembrança me aparece". Ultrapassa a transitoriedade do momento: "o odor e o sabor permanecem ainda por muito tempo, como as almas a recordar, a esperar, a aguardar, sobre a ruína de tudo o que permanece". Penetra no "edifício imenso da lembrança" (Proust, 1987, p. 44-47).

Nenhuma alusão de Kerouac a Proust é inocente ou casual. Mencionou-o em várias passagens, inclusive no prefácio de *Visões de Cody*: "Minha obra encerra um livro de vastas proporções como *Em busca do tempo perdido*, de Proust, com a diferença que as minhas memórias são escritas na corrida em vez de mais tarde doente numa cama" (Kerouac, 2009, p. 15) – afirmação equivocada, pois escreveria *Vanity of Duluoz* já prostrado; e sua memorialística de infância e juventude, evidentemente, não foi escrita *in loco*.

A soma dos relatos da cafeteria Hector's em *Visões de Cody*, do inventário de provisões e da recordação do jantar chinês em *Anjos da desolação*, das ocasiões em que passa fome ou se alimenta bem em *On the Road*, das confraternizações ao redor da mesa em *Cidade pequena, cidade grande*, das terríveis comidas de rua em *Tristessa*, e tantas outras passagens: tudo isso equivale a uma versão hiperbólica e frenética da *madeleine* e do chá em Proust (observando que, ao longo de *Em busca do tempo perdido*, há repastos e banquetes, porém sempre retratando os ambientes que seu autor frequentava, a elite; jamais algo como as comidas de rua ou de beira de estrada em Kerouac). E às sinestesias de Baudelaire, multiplicadas por simbolistas: um sabor evoca outras sensações, desperta outros sentidos.

Além das interpretações simbólicas da presença da comida em sua obra, ainda é possível outra, talvez formalista. Cabe lembrar e retomar a frase inicial do presente ensaio, a citação de *Visões de Cody*: "Tudo me pertence, porque eu sou pobre". É um oximoro, uma contradição de termos, pela incompatibilidade de ser "pobre" e "tudo" lhe pertencer. A comilança kerouaquiana é a exposição detalhada desse paradoxo; a demonstração ou comprovação de que pobreza implica abundância. É pobre, não tem nada, nenhuma propriedade ou bens pessoais: por isso, na medida dessa pobreza, é-lhe facultado o acesso a todos os banquetes, todas as fruições gastronômicas; metáforas do "tudo". Antigamente, banquetes eram privilégio dos donos do mundo, simbolizando essa condição. Entre os mais espetaculares, aqueles de césares e potentados romanos, de Henrique VIII da Inglaterra, dos reis franceses do absolutismo – os que tiveram "tudo", condição à qual a pobreza de Kerouac lhe permitia aceder.

Se na literatura a comilança e o banquete são exceções, o mesmo ocorre, é evidente, na filosofia, a não ser pelo título do diálogo de Platão, com seu relato mítico sobre a superação de antinomias e a reconquista da unidade, constituindo-se em matriz do misticismo na tradição ocidental. No entanto, apesar do título, em *O banquete* há libações; o que circula é vinho, e não pratos de comida. Também eram servidos, nos encontros da academia platônica, ensinamentos, práticas da dialética – e mitos.

Rabelais escreveu sátiras. Mas seus ogros comiam desmesuradamente, a exemplo de personagens de fábulas, lendas e dos relatos míticos; inclusive aqueles relatos de façanhas de heróis que, pautados pelo excesso, desconheciam limites. A comida e o banquete: acessos ao mundo mítico, como bem sabem os antropólogos, especialmente a partir de Lévi-Strauss, que escolheu o título *O cru e o cozido* para uma de suas obras capitais.

9
SANTIDADE E PECADO; ASCESE E LICENCIOSIDADE

"Mitografia": a expressão já foi utilizada para referir-se a *On the Road* e, especialmente, a *Visões de Cody* (Gifford e Lee, 1979). Mas vale para toda a obra de Kerouac. Estudiosos já comentaram seu mito dos "Estados Unidos essenciais e eternos" (Lardas, 2001; Brinkley na introdução aos *Diários*, Kerouac, 2006, p. 12). Como observou Snyder (em Gifford e Lee): "Jack era, em certo sentido, um mitógrafo norte-americano do século XX".

Mas essa seria uma nação norte-americana não só pretérita, de um passado perdido, mas arquetípica, fora do tempo. Como argumenta Eliade, todo mito é necessariamente o relato de uma origem:

> [...] o mito conta uma história sagrada; ele relata um acontecimento ocorrido no tempo primordial, o tempo fabuloso do "princípio". Em outros termos, o mito narra como, graças às façanhas dos Entes Sobrenaturais, uma realidade passou a existir, seja uma realidade total, o Cosmo, ou apenas um fragmento: uma ilha, uma espécie vegetal, um comportamento humano, uma instituição. (Eliade, 1972, p. 11)

Como o tempo do mito é circular, o relato também pode ser aquele de um fim: o início e o final dos tempos tocam-se. São os apocalipses; os mitos milenaristas.

A transmissão dos mitos é através das sagas, lendas, epopeias. O próprio Kerouac classificava *On the Road* como "epopeia" e "poema épico"; e foi mais longe em *Anjos da desolação*: "A minha vida é uma lenda vasta e insana e imensa sem começo nem fim que nem o Vazio – que nem o Samsara [...] A minha vida é um vasto épico inconsequente com milhões de personagens" (Kerouac, 2010, p. 42-43). Para Joshua Kupetz, um dos prefaciadores de *On the Road – o manuscrito original*, "o uso de 'epopeia' por Kerouac é revelador, uma vez que o termo designa qualquer poema narrativo oral que escapa à definição de épico". É o resultado da busca de "um espaço metafórico que lhe era inacessível por meio da prosa convencional" (Kerouac, 2008, p. 86).

Em *On the Road* e *Visões de Cody*, o herói dessa epopeia é Cassady, por reunir (no julgamento de Kerouac) as qualidades do vagabundo ou marginal; por isso, equiparado a um santo. Ginsberg designou Cassady como "herói-protótipo" de Kerouac no prefácio para *The Beat Book* (Waldman, 1996); esse, por sua vez, encarnou não só um avatar, mas um herói, na imaginação de todos que o cultuaram.

Nas mitologias clássicas, heróis são sempre destruídos; são punidos por causa da *hybris*: por haverem ultrapassado limites. Isso pode ser associado ao declínio e fim precoce de Cassady, herói de Kerouac; e do próprio Kerouac, herói da beat.

A bibliografia especializada (Brunel, 2005, especialmente p. 468-469[52]) corrobora o quanto ambos, o próprio Kerouac e Cassady, tal como retratado por ele, apresentam características dos heróis de mitos, sagas e epopeias. Em primeira instância, pelo descomedimento, a ruptura de limites, desde as façanhas sexuais e ao volante de Cassady, ou sua louvada invencibilidade no jogo de bilhar, até os excessos gastronômicos do próprio Kerouac. E também pela origem nobre (como já observado, Kerouac se tinha por descendente de nobres bretões), ou obscura e a ser revelada (a busca do pai desaparecido por Cassady); por atuarem em duplas, a exemplo de Aquiles e Pátroclo ou Gilgamesh e Enkidu. E pela viagem, ou melhor, as viagens, a sucessão de odisseias de cada um.

---

52. É o verbete relativo a heróis nesse dicionário preparado por Brunel.

O tema da origem, simultaneamente obscura e nobre, é enfaticamente proclamado por Kerouac; inclusive no trecho com que encerra *On the Road* e procura dar sentido a essa narrativa e às viagens nela relatadas:

> [...] e você não sabe que Deus é a Ursa Maior? E a estrela do entardecer deve estar morrendo e irradiando sua pálida cintilância sobre a pradaria antes da chegada da noite completa que abençoa a terra, escurece todos os rios, recobre os picos e oculta a última praia e ninguém, ninguém sabe o que vai acontecer a qualquer pessoa, além dos desamparados andrajos da velhice, eu penso em Dean Moriarty; penso até no velho Dean Moriarty, o pai que jamais encontraremos; eu penso em Dean Moriarty. (Kerouac, 2004, p. 372)

É um trecho dualista e pessimista: gnóstico. Deus – o Setentrião, Ursa Maior, em oposição à Estrela da Manhã, símbolo clássico, inclusive bíblico, de Lúcifer – morreu, abandonou o mundo. O pai jamais será encontrado, em nenhuma das acepções do termo: o pai de Cassady, desaparecido; o pai do próprio Kerouac, morto; Deus, pai de todos, que se foi; a origem procurada nas viagens, que não será recuperada.

Na caracterização de Cassady como herói descomedido por Kerouac confundem-se traços do bandido e do santo. Ilustrativa é a passagem de *On the Road* na qual é execrado e recriminado por amigos, pelos integrantes da antiga turma (em um trecho também importante por mostrar o sentido da expressão "beat"[53]):

> De repente, percebi que, em virtude de seus muitos pecados, Dean estava se transformando no Idiota, o Imbecil, o Mártir do grupo. [...] Era isso o que Dean era, o ESTÚPIDO

---

53. A expressão "beat" já está na primeira versão de *On the Road*; aparece nos diários de Kerouac, de 1948. Do mesmo ano, a conversa de Kerouac com John Clellon Holmes, com a frase "nós somos uma Geração Beat".

SAGRADO. [...] Ali estava um BEAT – a raiz, a alma da Beatitude. Quais seriam seus profundos conhecimentos? Ele estava tentando me dizer, com todas as suas forças, o que estava sabendo, e era exatamente isso que eles invejavam em mim, a posição que eu ocupava ao lado dele, defendendo-o e sorvendo sua sabedoria como outrora eles haviam tentado fazer. [...] Amarguras, recriminações, conselhos, moralidade, tristeza – tudo isso lhe pesava nas costas enquanto à sua frente descortinava-se a alegria esfarrapada e extasiante de simplesmente ser. (Kerouac, 2004, p. 239 a 241).

A designação de Cassady / Dean como "Idiota" pode ser alusão ao título de Dostoiévski. O exame dos diários de Kerouac mostra que, de tudo o que ele leu, em seu panteon literário o posto mais elevado era ocupado pelo autor de *Crime e Castigo*, acompanhado por Wolfe, Céline, Joyce e por quatro viajantes: Melville, Conrad, Whitman e Rimbaud. Um de seus títulos, *Os subterrâneos*, é inspirado em *Memórias do subsolo*, do prosador russo, conforme o próprio Kerouac declarou em sua entrevista à *Paris Review*. Isso, lembrando que a aproximação de Kerouac a Dostoiévski começa em 1942, justamente por *Memórias do subsolo*, no momento em que abandona Colúmbia e retorna a Lowell para tentar viver de subempregos, disposto a tornar-se escritor. Naquele período, como relata em *Vanity of Duluoz*, " [...] tudo o que eu podia fazer era deter-me de modo sombrio sobre as obras e pensamentos de Fiódor Dostoiévski. Aconteceu de eu começar com ele através de uma de suas obras mais sombrias, *Memórias do subsolo*"[54] (Kerouac, 1994, p. 104).

---

54. Traduzi "all I could do was to gloom over" por "tudo o que eu podia fazer era deter-me de modo sombrio", para não perder a repetição de "gloom", sombrio, no período, apesar do verbo "to gloom" não possibilitar tradução precisa. A tradução para o inglês do aqui intitulado *Memórias do subsolo* é *Notes from the Underground*, "notas do subterrâneo".

Na entrevista à *Paris Review*, Kerouac declarou expressamente que *Memórias do subsolo* havia inspirado *Os subterrâneos*. Mas é como se uma das obras, inspirando-se na outra, ao mesmo tempo a invertesse. Em *Memórias do subsolo*, o protagonista se envolve com a prostituta Tania, para acabar descartando-a e escolhendo a solidão; em *Os subterrâneos*, Kerouac se envolve com Mardou, igualmente uma mulher marginal; mas é ela quem o deixa, abandonando-o para ficar com Corso. Ambas são narradas na primeira pessoa; mas *Memórias do subsolo* é sombrio, enquanto em *Os subterrâneos* há farra, explosão vital, celebração do erotismo com citações de Wilhelm Reich, e ainda temperada pelo senso de humor de Kerouac: a ação do livro passa por uma sucessão de festas beat em Nova York (transplantadas para São Francisco no relato), intercaladas por provocações (como a cena do carrinho de mão deixado na porta do prédio de Ginsberg) e transgressões.

Ainda assim, dentre as obras de Kerouac, é uma que pode ser objeto de restrições: tanto a paixão por Mardou quanto a ruptura com ela são racionalizadas e mal explicadas, assim como episódios como o da noite passada com Gore Vidal. Kerouac encontrou nela não uma companheira, mas um personagem e um pretexto para parafrasear, desler ou glosar o relato de Dostoiévski; para reviver e reescrever seus argumentos em favor da solidão – daí a resistência dela à publicação.

Uma frase-chave, no final de *Memórias do subsolo*, resume a ética e cosmovisão de Dostoiévski: "O que é melhor, uma felicidade barata ou um sofrimento elevado? Vamos, o que é melhor?" (Dostoiévski, 2007, p. 145). O trecho aqui citado de *On the Road* contrapõe a "felicidade barata" dos que criticam Neal / Dean ao "sofrimento elevado", através do qual atinge "a alegria esfarrapada e extasiante de simplesmente ser". A santidade atribuída a Cassady está na razão direta de seus "pecados", assim oferecendo um exemplo da santificação do pecado – no caso, literária e filosoficamente fundamentada em Dostoiévski, que lançou todas as dúvidas sobre os limites de elevação e abjeção.

Mas, principalmente, um tema forte nas místicas da transgressão, nos antinomismos: "A decida ao abismo, para achar ali a vida, é apenas uma outra forma da antiga doutrina antinomística sobre a 'Santidade dos Pecados'", comentou Scholem, a propósito do sabataísmo e frankismo (Scholem, 1999, p. 179) – mas a observação poderia servir como epígrafe da presente série de interpretações de Kerouac, e também de Ginsberg, Corso e outros beats.

Outra variante da frase de Dostoiévski, da sua pergunta sobre a "felicidade barata" ou o "sofrimento elevado", termina *Anjos da desolação*. É quando Kerouac dá por encerrada a vida beat de viagens, aventuras e festas, despedindo-se dos companheiros, os "anjos da desolação": "Uma tristeza tranquila em casa é o que eu tenho de melhor para oferecer ao mundo, no fim, e assim eu me despedi dos meus Anjos da Desolação. Uma vida nova para mim" (Kerouac, 2010, p. 359). A "tristeza tranquila" adotada por Kerouac se opõe à "felicidade barata" rejeitada por Dostoiévski.

O desregramento, entendido como ultrapassar limites, é uma constante em Kerouac. Mas foi reservado no tratamento de sua vida sexual, se comparado a outros beats, como McClure e Ginsberg. O erotismo é restrito a *Os subterrâneos*. Nas demais narrativas, o que fazia com suas companheiras é obliterado: há mais ação sexual de Kerouac descrita por Di Prima, no final orgiástico de *Memoirs of a Beatnik*, do que em toda a sua obra. Em *Tristessa*, optou pela castidade. Especialmente em *On the Road* (e mais ainda na versão original), a licenciosidade fica a cargo de Cassady. Em *Os vagabundos iluminados*, quem faz sexo grupal são os outros, no episódio do ritual tântrico conduzido por Snyder; ele apenas assiste à sessão.

Já Ginsberg notabilizou-se pela devassidão. Foi um sátiro. Deixou uma crônica espantosa. Parecia não distinguir limites entre sexo e outros modos de relacionamento. O que se sabe sobre orgias após oficinas literárias já foi comentado por mim em *Geração Beat* e outras ocasiões. Deu entrevistas defendendo essas práticas, remetendo à academia platônica e ao simpósio socrático. Em *The*

Beat Hotel, de Miles, há relatos de uma eufórica promiscuidade parisiense, envolvendo especialmente Ginsberg, Orlowsky e duas moças que eles tomaram como namoradas. Procedeu à completa naturalização do sexo, como exemplificado, entre tantas outras passagens, por este trecho de sua correspondência com Kerouac, relatando a estada no Japão em 1963, de volta da Índia:

> [...] sentamos no mosteiro com Gary [Snyder] e fizemos respiração diafragmática e isso acalmou minha mente e então a doçura de todos aqueles gurus calava cada vez mais fundo em mim e então Joanne [Kyger] e Gary foram tão legais comigo que me levaram para a cama e até Gary fez amor comigo e de repente comecei a curtir Joanne já que estava tudo bem sentir o que eu de toda forma estava sentindo, quero uma mulher esposa senhora, quero sim, quero vida, não morte [...] (Kerouac e Ginsberg, 2012, p. 473)

Apresentou justificativas místico-religiosas de tais comportamentos em poemas como "Fragmento 1956", aqui transcrito na íntegra para sua melhor interpretação:

> Agora, para a chegada do poema, que eu seja digno dele
> & cante santamente o pathos natural da alma humana,
> a pele nua e original sob nossos sonhos
> & roupagens do pensamento, a própria identidade perfeita
> radiante de paixões e rostos intelectuais
> Quem carrega as linhas, a dolorosa contorção
> enrugada sobre os olhos, o corpo todo
> respirando e sensível entre flores e prédios
> de olhos abertos, autoconsciente, trêmulo de amor
> Alma que eu tenho, que Jack tem, Huncke tem,
> Bill tem, Joan tinha e ainda tem na minha lembrança,
> que o vagabundo tem em seus trapos, o louco em sua roupa preta.
> Almas idênticas umas às outras, assim como parado na

esquina há dez anos atrás eu olhei para Jack
e lhe disse que éramos a mesma pessoa – olha
em meus olhos e fala consigo mesmo, isso me torna o
amante de todo mundo, Hal meu contra sua vontade,
eu já tinha sua alma em meu corpo quando
ele olhava zangado – junto ao lampião da 8º Avenida e 27ª
Rua em 1947 – eu acabara de voltar da África
com um vislumbre da visão que na verdade
viria para mim a seu tempo assim como viria para todos
– Jack
o pior assassino, Allen o maior covarde
com uma faixa de amor amarelo atravessando
meus poemas, uma bicha da cidade, Joe Army gritando
de aflição na prisão de Dannemora em 1945,
quebrando os brancos nós de seus dedos nas grades
seu triste companheiro parvo de cela levando porradas dos
guardas
um assoalho de ferro por baixo, Gregory chorando em
Tombs
Joan com olheiras sob os olhos de benzedrina
escutando a paranoia pela parede,
Huncke de Chicago sonhando nos salões
do infernal Pokerino de luz azul na pele de Times Square,
o pálido rosto aos berros de Bill King na janela do metrô
debatendo-se no minuto final do vão da morte para voltar,
o próprio Morphy, arquissuicida, esvaindo-se em sangue
no Passaic, trágico e perplexo nas suas
últimas lágrimas, atingindo a morte naquele instante
humano, intelectual, barbudo, quem mais
seria ele nesse momento a não ser ele mesmo? (Ginsberg, 2005, p. 170)

O poema, assim como "Uivo", do qual pode ser complemento ou sequência, refere-se a acontecimentos e personagens reais, mascarados por pseudônimos. "Joe Army" é Carr, preso após haver matado Cammerer. "Gregory chorando em Tombs" refere-se à prisão à qual Gregory Corso, na adolescência, foi levado por furtar. "Escutando a paranoia pela parede" é uma imagem para a psicose provocada por anfetamina e com alucinações auditivas de Joan Burroughs, antes de ser internada em 1946. "Nos salões do infernal Pokerino" refere-se ao Pokerino Arcades, salão de bilhar na região da Times Square onde Huncke fazia ponto e agia. "Bill King" é Bill Cannastra, jovem advogado alcoólatra, amigo de Kerouac e Ginsberg que se dependurou da janela do metrô e foi decapitado: não só Kerouac foi morar em seu apartamento, como se casou com sua ex-namorada Joan Haverthy. "Morphy", amigo de Carr, foi outro suicida.

Mas, principalmente, o poema trata do "eu" verdadeiro, a centelha divina dos místicos.[55] É um mito gnóstico; porém, segundo Eliade, E. R. Dodds e Harold Bloom, de origem arcaica, órfica. Citando Bloom:

> Um eu mais velho e que é a melhor parte de nós, um eu divino e mágico: essa crença xamanista, que também chamamos de órfica, me parece a origem de todo gnosticismo – judaico, cristão ou islâmico – do gnosticismo secular, alexandrino, chamado Corpus Hermeticus, que se tornou a base de Bruno e outros mistagogos do Renascimento italiano. O xamanismo é universal, e isso talvez explique o curioso universalismo do que os crentes normativos de todas as eras chamam de "heresia gnóstica". (em *Presságios do milênio, apud* Willer, 2010, p. 30)

Haveria, conforme esse mito, duplicidade de almas: temos uma alma postiça, falsa, imposta pelo mau demiurgo que criou e

---

55. Tenho preferido grafar o "eu" desse modo, entre aspas, quando substantivado, como é ocaso dessa categoria dos místicos. Em inglês a diferença entre o "eu" substantivo e pronome se resolve através de vocábulos distintos, *I* e *self*.

rege o mundo conforme a doutrina gnóstica; e outra que corresponderia à centelha divina, consubstancial com relação ao deus verdadeiro, a um princípio supremo.

No poema aqui citado, a centelha divina é "a própria identidade perfeita" que, sendo consubstancial, é comum a todos os seres: "Alma que eu tenho, que Jack tem, Huncke tem [...] Almas idênticas umas às outras".

Essa alma emerge ou se torna evidente, proclama Ginsberg no poema, nos encontros amorosos que equivalem à revelação e em momentos extremos: durante os sofrimentos na prisão de Corso e Carr, ou nas crises de loucura de Joan Burroughs e, perante a morte, nos suicídios de Cannastra e "Morphy".

Ginsberg declarou que todos partilharem essa alma cósmica, não individual, justificava seduzir sexualmente Kerouac ("Jack") e também "Hal": seria a comunhão, reencontro de almas através do gozo erótico. Tomou símbolos ao pé da letra; mas a identificação da semente divina ao sêmen e ao sexo é característica do tantrismo.

Em entrevistas e depoimentos, inclusive na transcrição de palestra ironicamente intitulada "Advice to Youth", orientação ou conselhos aos jovens, publicada em *Allen Verbatim*, relatou que, ao conhecer Kerouac, em 1943, e apaixonar-se por ele, identificando-o a Rimbaud, sentiu que ambos eram uma só "alma":

> Assim, repentinamente me dei conta de que minha própria alma e a sua eram afins, e que, se eu de fato confessasse a ternura secreta da minha alma, ele compreenderia de modo nu[56] quem eu era. E foi como se eu já estivesse dentro de seu corpo, e fôssemos idênticos em nossos sentimentos mais íntimos, assim eu cheguei a uma área de sentimentos íntimos a qual eu queria começar a articular para fora de modo a comunicar-me com ele, e juntar-me e ser um com ele. (Ginsberg, 1974, p. 103)

---

56. "Nakedly", ou seja, "nuamente" no original.

Passou, portanto, de um panteísmo – a ideia de uma centelha divina em todos – ao pansexualismo. E deu uma justificativa mística a seu próprio desregramento.

O "eu" verdadeiro ou centelha divina é um tema forte em Ginsberg, como se vê no "Sutra do Girassol", um de seus poemas de maior circulação, contemporâneo de "Uivo" e "Fragmento 1956". Crônica em prosa poética, relata como ele e Kerouac acharam um girassol recoberto de fuligem no lixo, em um cais de São Francisco:

> e o Girassol cinzento reclinado contra o crepúsculo, desoladamente rachado e ressecado pela fuligem e a fumaça e o pó de velhas locomotivas em seu olho –
> corola de turvas pontas retorcidas e partidas como uma coroa arrebentada, sementes roladas do seu rosto, boca em breve desdentada ao ar ensolarado, raios de sol se apagando na cabeça cabeluda como uma teia de fios secos,
> folhas tesas como ramos presos ao tronco, gesto enraizado na serragem, pedaços de estuque caídos dos negros galhos, mosca morta na orelha,
> Ímpia coisa velha destroçada, você, meu girassol, Ó minha alma, como então te amei!
> A fuligem não era uma fuligem humana porém morte e locomotivas humanas,
> toda essa roupagem de pó, esse véu de pele escurecida da estrada, essa fumaça da face, essa pálpebra de negra miséria, essa fuliginosa mão ou falo ou protuberância de algo artificial pior que a própria sujeira – industrial – moderna – toda a civilização maculando sua louca coroa dourada –
> (Ginsberg, 2010, p. 55)

Mas, sob a fuligem, permanece a essência da flor, sua natureza verdadeira:

> Pobre flor morta? Quando foi que você esqueceu que era uma flor? quando foi que você olhou para sua pele e resolveu

que era uma suja e impotente locomotiva velha? o espectro da locomotiva? a sombra e vulto de uma outrora poderosa locomotiva americana louca?
Você nunca foi uma locomotiva, Girassol, você é um girassol!
E você, Locomotiva, você é uma locomotiva, não se esqueça!
E assim agarrei o duro esqueleto do girassol e o finquei a meu lado como um cetro,
e faço meu sermão para minha alma, e também para a alma de Jack e para quem mais quiser me escutar.
– Nós não somos nossa pele de sujeira, nós não somos nossa horrorosa locomotiva sem imagem empoeirada e arrebentada, por dentro somos todos girassóis maravilhosos, nós somos abençoados por nosso próprio sêmen & dourados corpos peludos e nus da realização crescendo dentro dos loucos girassóis negros e formais ao pôr do sol, espreitados por nossos olhos à sombra da louca locomotiva do cais na visão do poente de latadas e colinas de Frisco sentados ao anoitecer. (idem, p. 56)

O "nós" desse último verso do poema abrange Ginsberg, Kerouac, o girassol, o restante dos seres humanos e o conjunto das coisas vivas: todos guardando e partilhando a luminosa centelha divina sob a superfície maculada pela civilização.

Esse tema da identidade cósmica e sublime reaparece ao longo de toda a sua obra. No extenso poema "The Change – *Kyoto – Tokyo Express*", de 1963, importante por corresponder à retomada da escrita poética após três anos de crise (Ginsberg havia-se exaurido após criar "Kaddish"), o retorno da inspiração equivale ao reencontro consigo mesmo:

> Eu sou o que eu sou eu sou o
> homem e o Adão de cabelo em
> meus rins   Este é meu espírito e
> forma física que eu habito

este Universo Oh chorando
contra o que é minha
própria natureza agora (Ginsberg, 1988, p. 327)

Nesse e em outros poemas, a verdadeira identidade é o corpo; e, ao mesmo tempo, o universo e a humanidade.

Além das fontes propriamente gnósticas de Ginsberg, também Emerson, Thoreau e demais transcendentalistas adotavam a crença na alma cósmica; inclusive Whitman, precursor especialmente importante da sua universalização e sexualização. *Folhas de relva* é aberto desse modo:

Eu celebro a mim mesmo,
E o que eu assumo você vai assumir,
Pois cada átomo que a mim pertence a você. (Whitman, 2005, p. 45)

Adiante, reafirma:

Disse que a alma não é maior que o corpo,
Disse que o corpo não é maior que a alma,
E nada, nem Deus, é maior que nosso verdadeiro eu. (idem, p. 125)

É como se respondesse por antecipação, precedendo-o em um quarto de século, ao "Eu é um outro" de Rimbaud, observando que esse "outro" é todos, ou tudo; e que o "eu" e o "não eu" confundem-se cosmicamente. O verdadeiro "eu", tal como caracterizado por Whitman, confunde-se com o Antropos ou Adam Kadmon dos gnósticos, também celebrado por Blake; o homem anterior à queda, que se confundia com o universo todo.

Para o bardo norte-americano, à união cósmica entre indivíduos, e deles com todas as coisas, deve corresponder uma relação de solidariedade; em sua terminologia, de simpatia (*simpathy*). Assim politizou, além de sexualizá-la, a crença no "eu" cósmico, vislumbrando sua realização como democracia plena – ideologia com a qual Ginsberg se identificava plenamente.

A relação de Ginsberg com Whitman não é caso isolado na história da literatura moderna e contemporânea: sabe-se que para autores tão diversos como Eliot, Pessoa, Miller, Jorge Luis Borges e García Lorca, a leitura de *Folhas de relva* foi equivalente a uma revelação. Mas o beat se apresentou como sucessor, não apenas formalmente, pelo verso longo e livre, porém filosoficamente. Isso, desde sua estreia em livro, como deixou claro na epígrafe de *Uivo e outros poemas*:

> Arranquem os trincos das portas!
> Arranquem as portas de seus batentes! (Whitman, 2005, p. 77; Ginsberg, 2010, p. 19)

Em "*Gnostic consciousness*", enfatizou a relação de continuidade a partir de Blake, passando por Whitman e chegando até ele. Na entrevista à revista *Gay Sunshine*, foi além: relatou uma continuidade, uma espécie de genealogia homossexual, por haver-se relacionado com alguém, mais velho, que, por sua vez, outrora chegara a relacionar-se com Whitman. Homenageou-o em "Um supermercado na Califórnia" ("Como estive pensando em você esta noite, Walt Whitman", Ginsberg, 2010, p. 49). E, especialmente, no "Poema de amor sobre um tema de Whitman" de *Sanduíches de realidade* (Ginsberg, 2010, p. 165):

> Entrarei silencioso no quarto de dormir e me deitarei entre noivo e noiva,
> esses corpos caídos do céu esperando nus em sobressalto, braços pousados sobre os olhos na escuridão,
> afundarei minha cara em seus ombros e seios, respirarei sua pele e acariciarei e beijarei a nuca e a boca e abrirei e mostrarei seu traseiro,
> pernas erguidas e dobradas para receber, caralho atormentado na escuridão, atacando

levantado do buraco até a cabeça pulsante,
corpos entrelaçados nus e trêmulos, coxas quentes e nádegas enfiadas uma na outra
e os olhos, olhos cintilando encantadores, abrindo-se em olhares e abandono,
e os gemidos do movimento, vozes, mãos no ar, mãos entre as coxas,
mãos na umidade de macios quadris, palpitante contração de ventres
até que o branco venha jorrar no turbilhão dos lençóis
e a noiva grite pedindo perdão e o noivo se cubra de lágrimas de paixão e compaixão
e eu me erga da cama saciado de últimos gestos íntimos e beijos de adeus – (Ginsberg, 2010, p. 165)

É um detalhamento ou glosa do pansexualismo recorrente em *Folhas de relva*; especialmente, de uma de suas partes, "Os adormecidos", com a mesma ideia de partilhar a cópula de um casal adormecido:

Vou de cama em cama... durmo com outros adormecidos, um de cada vez;
Sonho em meu sonho todos os sonhos dos outros sonhadores,
E me transformo nos outros sonhadores. (Whitman, 2005, p. 161)

O episódio já comentado de como ele dormiu com o casal Snyder – Kyger exemplifica como ele tomava símbolos "in concreto" (o termo é utilizado por Eliade, para explicar hierogamias e outros rituais sexuais); como invertia a relação convencional entre símbolo ou significado, ou tentava superar a distinção entre símbolos e coisas.

Kerouac também acreditava no "eu" verdadeiro. Admitido o paralelo aqui feito de suas viagens com o *Hino da pérola*, ou com o modo como esse escrito gnóstico foi tomado como matriz para interpretação, então suas viagens foram em busca da identidade verdadeira. Mas, para ele, correspondia ao nada, ao vazio, como constatou ao final da tentativa de ascese na montanha relatada em *Anjos da desolação*: "A aventura no Desolation me faz encontrar no fundo de mim mesmo um nada abissal, pior que isso, nem uma ilusão – a minha mente está em frangalhos" (Kerouac, 2010, p. 88).

Em *Vanity of Duluoz*, retorna a essa experiência abissal, citando, com propriedade, Pascal:

> Blaise Pascal disse para não olharmos para nós para a cura dos infortúnios, mas para Deus, cuja Providência é uma coisa pré-ordenada na Eternidade [...] Eu não posso penetrar nas almas dos outros igualmente capturados na carne fraca e trêmula, quanto mais penetrar em uma compreensão de como posso voltar-me, com efeito, para DEUS. (Kerouac, 1994, p. 177)

Aceita a hipótese da formação jansenista de Kerouac, ao encerrar desse modo sua derradeira narrativa ele fechou um círculo, repetindo o que aprendera na infância.

Há uma distinção, já clássica, de André-Jean Festugière, entre gnose pessimista (do gnosticismo típico, dualista, para a qual a separação entre Deus e o mundo é insolúvel) e gnose otimista (aquela do *Corpus Hermeticum*, monista, para o qual Deus e o mundo se confundem). Kerouac expõe o pensamento gnóstico em sua versão mais pessimista. São insights bem distantes da euforia acompanhando revelações em *On the Road*, embora tudo o que já dizia nessa obra sobre a tristeza do mundo os antecipasse.

Em outros beats, encontramos gnoses otimistas: sem dúvida, no panteísmo de Snyder que, nele, coexistiu harmoniosamente com a crítica filosófica zen-budista. Mas é McClure quem apresenta uma variante sobremodo interessante da doutrina do "eu" verdadeiro. "Cada eu são muitos", afirma (McClure, 2005, p. 222). Inverte-a, ao equiparar o "eu" profundo a um mamífero, e não a uma entidade espiritual, extramundana ou supraterrena:

QUANDO UM HOMEM NÃO ADMITE SER UM ANIMAL, ele é menos que um animal. O grande MAMÍFERO William Blake é importante pela beleza que apresenta, pela clareza da sua visão e pelo seu exemplo. [...] O HOMEM NÃO É UM ISÔMERO DE MAMÍFERO – ele é precisamente um mamífero. A rota para essa consciência é necessariamente biológica. *A poesia é biológica.* [...] O homem é um mamífero se experimentando (idem, p. 165, 166, 219)

O lugar do "eu" superior e da instância divina não é, portanto, a oitava ou nona esfera, o plano supramundano, porém a *hilé*, a *physis*.

Com essas afirmações, McClure segue o Blake de *O casamento do céu e do inferno* (e de vários outros de seus escritos, inclusive o antológico poema sobre o tigre):

> O rugir dos leões, o uivo dos lobos, a ira do mar revolto e a espada devastadora são porções de eternidade demasiado grandes para o olho humano. [...]
> A altivez do pavão é a glória de Deus.
> A lascívia do bode é a dádiva de Deus.
> A fúria do leão é a sabedoria de Deus.
> A nudez da mulher é a obra de Deus. (Blake, 2007, p. 28)

A identificação de McClure com mamíferos, especialmente os grandes predadores, é ilustrada por seus poemas de glossolalias e onomatopeias, a exemplo deste trecho:

> [...] HUUUUUUUUU! HUUUUU! GRAHH!
> GRUUUUUUUUUUUUH! GRUUUUUUUH! NAHHR!
> MHIII
> Gruuuuuuuur gruhta.
> MUAHH!
> Griiiiiiii-gruuuuuuuuuuuuu.
> GARHRRRRUUUUUUUUUUUUH

RHUUG CLAUBB.
(E o que não é sensível? Mas eu – mais que tudo –
sou todo um universo.)
SATISFEITO. FAÇA UM GRUUUUUR (idem, p. 216)[57]

Em vários de seus escritos e na entrevista citada a seguir, McClure detalha e dá exemplos:

> [...] a não ser que nos dermos conta de que um animal é muito mais que o homem socializado considera, não teremos noção da amplitude de fronteiras a serem exploradas. [..] Eu fiz uma leitura de um poema de *Ghost tantras* para quatro leões num zoológico e tivemos a sorte de ter gravado os animais rugindo junto com os poemas. Mais tarde, me pediram para fazer isso novamente para um grupo de documentaristas e de novo os leões me acompanharam na leitura. [...] Há uma forte conexão entre o *Ghost tantras* e a minha crença de que quando um homem não admite que é um animal, ele é menos que um animal. (idem, p. 203-205)

Sua identificação do animal ao sagrado tem fundamento em cosmovisões, mitos e doutrinas arcaicas. Atestam-no totens, imagens teriomorfas (desde as inscrições em cavernas), abraxas gnósticos e divindades animalescas em uma diversidade de manifestações. É o que observa Alain Daniélou sobre o valor religioso do animal (em *Shiva e Dioniso – a religião da natureza e do Eros*, fundamentando-se por sua vez em Eliade e outros estudiosos dos mitos e religiões arcaicas):

> No universo cósmico, os princípios que se manifestam nos deuses, nos gênios e nos homens também aparecem

---

57. Glossolalias? Para Felicitas Goodman, estudiosa importante do assunto, não – apenas onomatopeias, por faltarem os padrões rítmicos comuns a uma diversidade de manifestações, desde as tribais até as pentecostais. Para McClure, sim – tanto é que compara seus poemas, na entrevista aqui citada, às experiências de Artaud, Khlébnikov e outros que trilharam esse caminho.

no mundo animal, vegetal e mineral. [...] Alguns animais, por sua natureza e pelos símbolos que representam, são sempre associados a certos deuses. Cada aspecto do divino está ligado a uma espécie animal, como o elefante de Indra (o rei do céu), o carneiro de Agni (deus do Fogo), o rato de Ganesha, o abutre de Vishnu etc.

Os princípios representados por Shiva e a deusa correspondem à natureza do touro, da serpente, da pantera (às vezes substituída pelo tigre e pelo leão) e, no caso, venerados em Creta (Daniélou, 1989, p. 97).

Ainda associa os grandes mamíferos predadores, com os quais McClure se relaciona preferencialmente, a Dioniso: "Na tradição dionisíaca, o leopardo é consagrado a Dioniso e as mênades são assimiladas a panteras. [...] O carro sobre o qual se apresenta Dioniso é, às vezes, puxado por panteras. As mênades brincam com panteras" (idem p. 102).

A identificação do "eu" verdadeiro ao animal também pode ser vista na poesia de Corso, porém de modo oblíquo, irônico. Como observado em um ensaio recente, "A poesia de Corso parece informada na crença de que tudo que constrange o ser e o impede de aceitar o instante de maneira plena é um mal à vida" (Simões, em Corso, s/d). Por isso,

> O fato que Corso adorava zoológicos explica em parte o motivo de seus poemas estarem perpassados de barracudas, pinguins, dragões de komodo, orangotangos, abelhas, esquilos... embora a mistura destes com seres imaginários possa ser lida como uma celebração das possibilidades da vida e da contiguidade entre os seres (conforme fez Kirby Olson). (idem)

Entre outros exemplos, um poema como "O iaque louco" (iaque é um bovino tibetano), escrito sob o ponto de vista desse animal: "Eu os vejo bater o último leite / que tirarão de mim". Ou então o modo como se integra à fauna marinha em "Viramar" e confunde animais realmente existentes com figuras da mitologia:

> Respirar no cálice de Netuno
> Espetar o vento e a tempestade
> Sentir a sereia pelo lado de cima
> Ficar e espetar o cabelo
> No estribo do cavalo marinho [58]

A ausência de separação entre entidades míticas e aquelas da natureza permite dizer que, se há uma mensagem a ser extraída de sua poesia, essa consiste no predomínio absoluto da imaginação sobre a realidade objetiva.

A propósito da revolução sexual empreendida pelos beats, já havia observado que a destruição dos limites entre pornografia e alta literatura foi promovida por D. H. Lawrence, James Joyce e Henry Miller, cada qual a seu modo, e todos pagando o preço da censura a suas obras. O sexo também já havia sido liberado nos círculos boêmios do começo do século XX, estimulado pela difusão de Freud. Mas nunca, antes, foi tão coletiva como entre os beats. E tão politizada, em consonância com o pensamento de Wilhelm Reich (mas ampliando o repertório de opções e atitudes, com relação ao que propunha o psicanalista dissidente). Snyder chegou a afirmar que "não haverá nenhuma revolução econômica neste mundo que funcione sem uma revolução sexual que a acompanhe" (Snyder, 2005, p. 183).

Ao integrarem desse modo o sexo à vida e à criação, os beats contribuíram para a maior naturalidade no modo como é visto e vivido hoje. E, ao transitarem com naturalidade do misticismo ao cinismo, do amor sublime ao deboche, promoveram a união ou síntese de dois modelos do final do século XVIII: um deles, aquele do romantismo de Friedrich Hölderlin e Novalis, do amor

---

58. As duas citações de poemas são da já citada tradução de Corso por Simões.

único e sublime; outro, dos libertinos, do Marquês de Sade ou Casanova (cf. Willer, 2009, p. 73).

Cabe, no exame da Geração Beat, confundir ou equiparar criação literária e biografias, pela poética beat, na qual é decisiva a confusão entre literatura e vida. Daí justificar-se colocar no mesmo plano a sucessão de episódios aqui comentados e as alternâncias de misticismo e sexo explícito na obra de Ginsberg, McClure e outros, expressões do "misticismo do corpo" que têm precedentes no anarquismo místico de doutrinas religiosas dissidentes. A conduta de Ginsberg, assim como seus escritos, não permite dúvidas quanto a essa adesão: à diferença dos libertinos clássicos, que foram ateus, para ele sexo era comunhão. O mesmo vale para sua insistência, para não dizer obsessão, em desnudar-se em público, dando margem a uma crônica hilariante, bem como a fazer-se fotografar nu. Para expor o sentido de tais registros, cabe citar novamente Daniélou:

> A identificação do deus e do homem com a natureza implica a nudez. O homem verdadeiro é nu. A religião hipócrita e farisaica da cidade é que exige a roupa. Shiva é nu. O sábio e o monge shivaístas erram pelo mundo nus e sem vínculos. Na Índia, a nudez é sinônimo de liberdade, virtude, verdade e santidade. A antiga religião ateia da Índia, o jainismo, rival do shivaísmo, também exige que seus fiéis sejam nus. O mundo grego conheceu estes gimnosofistas, ascetas nus que vinham da Índia, e os soldados de Alexandre que, na Índia, quiseram seguir os ensinamentos dos filósofos, tiveram que se desnudar. A nudez tem um valor mágico e sagrado. "Semeia nu, lavra nu, colhe nu, se queres em seu tempo terminar todos os trabalhos de Deméter, afim de que, para ti, cada um de seus frutos também cresça em seu tempo." (Hesíodo, *Os trabalhos e os dias*) (Daniélou, 1989, p. 43)

10
POLÍTICA E MISTICISMO: MILENARISMO E O NOVO MITO BEAT

A partir da popularização da Geração Beat, no final da década de 1950, Kerouac e Ginsberg tomaram rumos opostos. Um isolou-se em crise; o outro foi um líder da contracultura, militante ativo e incansável em toda sorte de mobilizações e manifestações de protesto.

Contudo, Ginsberg jamais deixou de manifestar reconhecimento a Kerouac por criar a "prosódia bop" e oferecer-lhe imagens e temas. Reciprocamente, incentivou Kerouac a escrever e publicar, atuando inclusive como seu agente, levando originais a editores. Manifestações desse reconhecimento estão, entre outros lugares, na dedicatória de *Uivo e outros poemas* aos onze títulos então inéditos de Kerouac; e em "As visões do grande rememorador", o posfácio de Ginsberg para *Visões de Cody*: "Jack sempre me acusou de copiá-lo, & relendo seus escritos vinte anos mais tarde eu percebo o quanto era verdade" (Kerouac, 2009, p. 425). Seguem-se, nesse posfácio, exemplos de trechos seus inspirados em Kerouac.

Comparar a poesia de Ginsberg e a prosa de Kerouac mostra a transfusão de temas, ideias e imagens – lembrando que a escrita do principal de Kerouac, inclusive *On the Road* e *Visões de Cody*, respectivamente de 1951 e 1952, precede cronologicamente poemas importantes de Ginsberg, como "Uivo", escrito em 1954/1955.

Além das alusões às aventuras com Cassady – "que foram transar em Colorado em uma miríade de carros roubados à noite", "que mandaram brasa pelas rodovias do passado", "que guiaram atravessando o país durante setenta e duas horas" etc. –, há os "secretos solipsismos de mictórios de postos de gasolina & becos da cidade natal também" e os "que se apagaram em longos filmes sórdidos, foram transportados em sonho, acordaram num Manhattan súbito" (Ginsberg, 2010, p. 29): as duas frases, condensações de episódios da terceira das viagens de *On the Road* (Kerouac, 2006, p. 299 e 323).

Mas Ginsberg transformou temas de Kerouac em manifesto, plataforma geracional apresentada em um tom veemente e messiânico. Isso é evidente nos célebres versos iniciais de "Uivo":

> Eu vi os expoentes da minha geração destruídos pela loucura, morrendo de fome, histéricos, nus,
> arrastando-se pelas ruas do bairro negro de madrugada em busca de uma dose violenta de qualquer coisa,
> "hipsters" com cabeça de anjo ansiando pelo antigo contato celestial com o dínamo estrelado da maquinaria da noite,
> que pobres, esfarrapados e olheiras fundas, viajaram fumando sentados na sobrenatural escuridão dos miseráveis apartamentos sem água quente, flutuando sobre os tetos das cidades contemplando jazz. (Ginsberg, 2010, p. 25)

Marginais são profetas e porta-vozes do novo, conforme proclamado ao longo do poema; enfaticamente, no final da primeira parte, na qual superam a contradição entre tempo e espaço, sujeito e objeto para alcançar a gnose, o conhecimento revelado:

> que sonharam e abriram brechas encarnadas no Tempo & Espaço através de imagens justapostas e capturaram o arcanjo da alma entre 2 imagens visuais e reuniram os verbos elementares e juntaram o substantivo e o choque de consciência saltando numa sensação de Pater Omnipotens Aeterne Deus,

para recriar a sintaxe e a medida da pobre prosa humana e ficaram parados à sua frente, mudos e inteligentes e trêmulos de vergonha, rejeitados todavia expondo a alma para conformar-se ao ritmo do pensamento em sua cabeça nua e infinita. (idem, p. 34)

O milenarismo é explícito:

> o vagabundo louco e Beat angelical no Tempo, desconhecido mas mesmo assim deixando aqui o que houver para ser dito no tempo após a morte,
> e se reergueram reencarnados na roupagem fantasmagórica do jazz no espectro de trompa dourada da banda musical e fizeram soar o sofrimento da mente nua da América pelo amor num grito de saxofone de eli eli lama lama sabactani que fez com que as cidades tremessem até seu último rádio, com o coração absoluto do poema da vida arrancado de seus corpos bom para comer *por mais mil anos*[59] (idem, ibidem)

A destacar o "tempo após a morte": a mensagem do "vagabundo louco" e "beat angelical" será eterna. E transmitida pelos que "se reergueram reencarnados", que ressuscitaram – só faltou Ginsberg dizer que isso ocorreria ao terceiro dia. Há, também, as profissões de fé panteístas no complemento de "Uivo" intitulado "Nota de Rodapé para Uivo":

> Santo! Santo! Santo! Santo! Santo! Santo! Santo! Santo! Santo! Santo! Santo! Santo! Santo! Santo! Santo!
> O mundo é santo! A alma é santa! A pele é santa! O nariz é santo! A língua e o caralho e a mão e o cu são santos!
> Tudo é santo! todos são santos! todo lugar é santo! todo dia é eternidade! todo mundo é um anjo!
> O vagabundo é tão santo quanto o serafim! o louco é tão santo quanto você minha alma é santa! [...]

---

59. Grifo meu.

Santo Peter santo Allen santo Solomon santo Lucien santo Kerouac santo Huncke santo Burroughs santo Cassady santos os mendigos desconhecidos sofredores e fodidos santos os horrendos anjos humanos! (idem, p. 48)

Tudo isso é messianismo e milenarismo, tal como aquele que impulsionou as místicas da transgressão medievais examinadas por Cohn em *The Pursuit of the Millennium*, que passaram a manifestar-se com maior intensidade a partir do ano 1000.

Aqueles insurretos medievais acreditavam em um iminente segundo advento[60], reinterpretando o Apocalipse e textos proféticos como o sonho de Daniel. A Igreja era refratária ao milenarismo, por causa das suas evidentes ressonâncias maniqueístas (em Mani, assim como no *Asclépio* do *Corpus Hermeticum*, o triunfo do bem sobre o mal só é possível através da destruição do mundo) e de inumeráveis textos apócrifos. Mas o milenarismo recebeu um considerável reforço através de Joaquim de Fiore, já no século XII, e sua concepção dos três estágios ou etapas da história: o terceiro, do reencontro com o Espírito Santo e do consequente reingresso no Paraíso e recuperação do Estado da Natureza (Cohn, 1970, p. 29-52). Um equivalente contemporâneo são as crenças em uma "nova era" ou "era de Aquário", fortes na cultura hippie.

A partir de 1945, milenarismo e antevisões do apocalipse ganharam um sentido adicional, a conferir-lhe mais peso. Com a ameaça atômica, de uma guerra nuclear, evidenciou-se a possibilidade de o mundo ser objetivamente destruído por um artefato humano, e não apenas pela intervenção divina ou por uma imprevisível e indomável catástrofe da natureza. A iminência do desastre em escala mundial conferiu imanência às antecipações do fim do mundo: transferiu-as da religião para a geopolítica, mais ainda com o subsequente desenvolvimento e disseminação dos artefatos nucleares. Se movimentos geracionais podem ser relacionados ao

---

60. Prefiro traduzir "second coming" por "segundo advento", como na terminologia religiosa, e não por "segunda vinda".

horror de algum pós-guerra (de modo evidente desde o século XIX: é clara a relação do simbolismo-decadentismo francês com o ambiente após a derrocada de 1870/1871), à sua antecipação, ou a algum terremoto na esfera política (lembrando como Blake e demais românticos da primeira geração responderam à Revolução Francesa), tal relação é mais vívida nos movimentos que já designei como "segunda vanguarda" (cf. Willer, 2009, p. 16).

Nesse contexto, fica evidente a ousadia da metacrítica de Corso ao não só criar, mas ler em público o poema "Bomba" – apresentação essa, em 1961, na qual foi vaiado e alguém lhe atirou um sapato, suscitando uma enérgica defesa do poema por Ginsberg.

"Bomba" tem várias páginas de extensão. Foi distribuído como tira de papel, mantendo sua forma de cogumelo atômico. Começa declarando que a morte é inevitável, com ou sem bombas atômicas[61]:

> Motor da história Breque do tempo Você Bomba
> Brinquedo do universo O maior dos céus arrebatados Não posso odiar você
> Por acaso odeio o raio travesso a mandíbula do burro
> A clava encaroçada de um milhão A.C. a maça a chibata o machado
> A catapulta Da Vince a machadinha Cochise a pederneira The Kidd a adaga Rathbone
> Ah e o triste desesperado revólver de Verlaine Pushkin Dillinger Bogart
> E não tem São Miguel uma espada em chamas São Jorge uma lança Davi uma baladeira
> Bomba você é tão cruel quanto lhe fez o homem e não mais cruel que o câncer
> Todos odeiam você preferem morrer de acidente de carro relâmpago afogamento

---

61. Na já citada tradução ainda inédita de Simões.

Queda do telhado cadeira elétrica infarto velhice velhice
oh Bomba
Preferem morrer de qualquer coisa menos você o dedo da
Morte é dono de si
Não depende de nós se você buum ou não a Morte distribui
há muito tempo
seu azul categórico Eu te canto oh Bomba jubileu da Morte
extravagância da Morte
A hecatombe é estetizada:
[...]
Mas nenhuma morte que eu conheça teve prenúncio tão
risonho Posso ver
uma cidade a cidade de Nova York jorrando arregalados
olhos metrô abrigo
Milhares e milhares Um desmantelo de gente sapatos altos
sobem
Chapéus caindo pra trás Jovens esquecendo o penteado
Mulheres sem saber o que fazer com suas sacolas de compras
Imperturbáveis máquinas-de-chiclete Trilhos elétricos
ainda um perigo
Ritz Brothers do Bronx pegos de surpresa no trem A
O pôster de Schenley sorrindo continuará sorrindo pra
sempre
Morte Ímpia Bomba Sátiro Bombamorte
Tartarugas explodindo sobre Istambul
Pedaços de patas de jaguar
atirados longe no gelo ártico
Pinguins enfincados na Esfinge
O topo do Empire State
espetado num campo de brócolis na Sicília
A Eiffel em forma de C nos Jardins Magnólia
Stª Sofia despelando no Sudão
Oh Morte atlética Bomba esportiva

Ao relatar a explosão nuclear como fascinante espetáculo, uma bela sucessão surrealista de imagens entremeadas por onomatopeias, além de argumentar que tanto faz morrer desse ou daquele modo, Corso jogou um balde de água fria no milenarismo. Apresentou-se como "outsider" inteiramente alheio ao sistema: contra as regras de seu jogo, e também aquelas dos que se opunham ao sistema.

Contudo, milenarismo, messianismo e envolvimento político foram os tópicos nos quais Ginsberg e Kerouac se opuseram frontalmente.

Em Ginsberg o messianismo foi constitutivo. O projeto de redimir a humanidade e transformar o mundo foi um ponto de partida, a inspiração da trajetória pessoal, como declarou no autobiográfico *Kaddish*:

> [...] Rezei na balsa prometendo ajudar a humanidade se entrasse [*na universidade, em Colúmbia*] – prometi, o dia que fui fazer o vestibular –
> que seria honesto revolucionário advogado trabalhista – me prepararia para isso – inspirado em Sacco Vanzetti, Norman Thomas, Debs, Altgeld, Sandburg, Poe – Brochuras Azuis. Pretendia ser Presidente ou então Senador.
> promessa ingênua – (Ginsberg, 2010, p. 81)

Em Kerouac, a atitude oposta. Fez propaganda antecipada da contracultura em *Os vagabundos iluminados*, ao proclamar a "revolução de mochilas às costas". Mas prevaleceu a descrença no futuro, o crescente pessimismo declarado nas passagens de *Anjos da desolação*, *Big Sur* e *Vanity of Duluoz*: reconhecia que se esgotara seu empenho por um retorno ao passado.

A exaltação mística e o ímpeto messiânico de Ginsberg coexistiram com um pensamento político articulado e atento aos detalhes. E, principalmente, precursor. A passagem de algumas décadas confere valor adicional a suas manifestações. Isso, pelas tomadas de posição que o projetaram como liderança na mobilização contra o militarismo norte-americano e a intervenção no Vietnã; e por críticas como aquela ao regime cubano, então precursoras e atualmente óbvias, em tópicos como a perseguição de homossexuais e a repressão à "santería". E por precisas análises pontuais.

Por exemplo, em sua palestra sobre Ezra Pound, "Poetic Breath, and Pound's Usura", de 1971, publicada em *Allen Verbatim*. Após discorrer sobre prosódia, ritmo e respiração em poemas de Olson e Williams, detém-se nos famosos versos sobre a usura do Canto XLV dos *Cantos* de Pound. Mostrando a musicalidade de um verso como "*Azure hath a canker by usura*", comenta o modo como o próprio Pound lia esses versos; observa a escolha de "*with usura the line grows thick*" em vez de "*with usura the line gets thick*", argumentando que em Pound o som tinha sentido e cada vogal tem "substancialidade" (Ginsberg, 1974, p. 172). Finalmente, levando em conta esses valores sonoros, caracteriza o Canto XLV como mantra ou oração, um "grande exorcismo da usura". Contextualiza, denunciando a privatização e controle do dinheiro por bancos, que por sua vez se tornam credores dos governos:

> Assim, o que Pound está observando é que[62] todo o sistema monetário, o sistema bancário, é uma alucinação, e ele está explicando a estrutura dessa alucinação e retroagindo historicamente, porque a estrutura muda em cada era da reforma bancária. [...] A questão é que a franquia é comprada por um grupo de monopolistas privados; daí em diante eles possuem o negócio bancário, nesse sentido, pois pagaram um milhão ao governo e têm um milhão em seus porões, e subitamente, no papel, possuem dezoito milhões a mais do que o capital inicial. (idem, p. 175)

---

62. Preservei o modo coloquial e informal de Ginsberg expressar-se nessa palestra-debate com alunos da Universidade de Wyoming.

Nem é preciso insistir na pertinência dessa análise da economia; o quanto se aplica à crise econômica em curso, decorrente da condução de políticas econômicas por bancos e da especulação com papéis sem lastro real. Poderia constar em artigos escritos sobre a sucessão de desastres econômicos e, evidentemente, sociais desencadeada desde 2008. Como já observei, "Se Allen Ginsberg estivesse vivo, estaria marchando em Wall Street".[63]

Outro exemplo da sintonia fina em análises políticas está em *Indian Journals*, o diário de sua estada na Índia de março de 1962 a maio de 1963. No meio de poemas, reflexões sobre criação poética, registros de leituras, relatos de alucinações e efeitos de drogas, descrições do que via no período em que, junto com Peter Orlowsky, levou vida de *saddhu*, monge mendicante, realizando de modo pleno a mística da pobreza, ele acrescentou um recorte de jornal. É um artigo intitulado "A classe privilegiada", denunciando que "1% dos lares do país possuem nada menos que 75% dos bens privados" (Ginsberg, 1974, p. 73). Assim argumentou, ou adotou a argumentação ao incorporá-la a seu diário e à subsequente publicação, que a economia fechada e o monopólio bancário geram corrupção e agravam a concentração de renda – também algo evidente hoje, à luz das melhoras do quadro econômico daquele país.

Ainda sobre os bons insights políticos de Ginsberg, seu exame, igualmente precursor, do tema das drogas, tal como exposto na série de palestras-diálogos de *Allen Verbatim* intitulada "Political Opium" (ópio político). Ao caracterizar o tráfico como "flagelo urbano", argumentou tratar-se de resultado da proibição (cf. Willer, 2009, p. 55). Focalizou especialmente o *Harrison Act*, de 1920, que baniu o ópio e derivados, e criminalizou seus usuários – invariavelmente conduzindo à colaboração entre policiais e crime organizado, além de desviar recursos do que realmente interessaria: das pesquisas e políticas de saúde pública em favor

---

63. Em http://claudiowiller.wordpress.com/2011/10/24/se-allen-ginsberg-estivesse-vivo-estaria-marchando-em-wall-street/.

de viciados, obrigando-os a ter nos traficantes seus únicos interlocutores (Ginsberg, 1975, p. 40 e segs.).

Na mesma pauta das antecipações lúcidas de crises ou problemas futuros, suas observações na correspondência com o pai, Louis Ginsberg, publicadas em *Negócios de família*. Uma delas, do final de 1973, versa sobre petróleo e energia alternativa:

> Quanto ao petróleo: seria aconselhável que os EUA desenvolvessem fontes de eletricidade solar, eólica e outras descentralizadas. Toda essa briga pela preservação das fontes de petróleo é uma característica do monopólio capitalista da indústria de petróleo & da aliança militar-industrial dentro de um contexto estático e fixado. Toda essa "crise" está fora do contexto ecológico mesmo. O custo do oleoduto do Alasca seria suficiente para as pesquisas e o desenvolvimento de formas de energia utilizando o sol ou as correntes oceânicas. Se existe crise, a reação de quem demanda mais petróleo é tão neurótica quanto a do viciado que quer mais uma dose. É parte de todo o contexto. (Ginsberg, 2011, p. 146)

A mesma edição de cartas registra divergências fortes entre ambos a propósito da relação entre israelenses e palestinos após a guerra de 1967: Louis tomando a defesa do sionismo, Ginsberg antecipando desastres causados pela intolerância de ambos os lados, e argumentando, assim como em poemas da mesma época como *Jeová e Alá batalham*[64], que Israel deveria recuar em sua política de exclusão dos palestinos.

Apontar economias fechadas e burocratização como fonte de corrupção; proclamar que a transferência das decisões de política econômica para os bancos levaria ao desastre; observar que a criminalização do uso de drogas fortalece o crime organizado; tomar a defesa da diversidade sexual e cultural como crítica

---

64. Traduzi-o junto com Leonardo Morais em http://claudiowiller.word press.com/2012/11/25/novamente-a-lucidez-de-ginsberg-palestina/.

ao "socialismo real"; alertar que o uso de combustíveis fósseis provocaria a degradação do planeta; observar intolerância na relação de Israel e palestinos: esses são tópicos de uma agenda que deixou de ser exclusiva de seguidores da Geração Beat. No entanto, Ginsberg formulou esse tipo de crítica em 1962 (relativamente às economias fechadas), 1965 (sobre Cuba), 1970 (contra a criminalização de usuários de drogas), 1971 (sobre bancos e a especulação financeira) e 1973 (sobre israelenses e palestinos).

Em outras intervenções, foi igualmente precursor: nas manifestações pacifistas, na defesa incondicional da liberdade de expressão, do multiculturalismo, da tolerância e respeito à diferença. Conforme declarou em um de seus últimos textos, o prefácio para *The Beat Book*, de 1997, o crescimento desses temas foi o legado da Geração Beat. Pode-se, por isso, caracterizá-lo como lúcido analista político. O que hoje é agenda de setores amplos da sociedade e de um elenco de personalidades públicas era tema minoritário, até excêntrico, quando apresentado por ele; e também, em inúmeras ocasiões, por McClure, Ferlinghetti, Snyder, Di Prima, Waldman e demais beats.

Esse registro corrige um estereótipo relativo ao místico como alguém isolado e alheio ao mundo. Passar metade do ano recluso, em meditação, e a outra metade dedicando-se a uma intensa atuação pública chega a ser uma metáfora da harmonia desses campos, misticismo e política.

Se na atuação de Ginsberg pode-se observar um messianismo milenarista, com a crença na possibilidade de uma nova era, de uma transformação profunda do homem e da sociedade, em Kerouac observa-se o milenarismo do tipo apocalíptico e pessimista, sintetizado no título de seu último pronunciamento, o artigo "Depois de mim, o dilúvio" (*After me, the deluge*), de 1969, cuja publicação acabaria coincidindo com sua morte.

Energicamente, negou ser "o grande pai branco e precursor intelectual que desovou um dilúvio de radicais alienados, manifestantes contra a guerra, vencidos na vida, hippies e até 'beats'". E perguntou:

> [...] como eu poderia, possivelmente, ter desovado Jerry Rubin, Mitchell Goodman, Abie Hoffman[65], Allen Ginsberg [...] e tudo isso porque escrevi um relato factual de uma aventura verdadeira na estrada (dificilmente um relato de propaganda de agitação) protagonizada por um ex-vaqueiro e um ex-futebolista dirigindo pelo continente para o norte, noroeste, meio-oeste e sul procurando por pais perdidos, empregos esquisitos, farra e garotas, para acabarem indo parar na ferrovia. (Charters, 2007, p. 573)

Além de expressar indignação, argumentou que só em uma sociedade regida pelo capitalismo no estilo ocidental, pelo "laissez-faire", com mobilidade social e equilíbrio político, seria possível alguém como ele levar uma vida errante, de aventuras; e, antes dele, Walt Whitman. Contradizendo suas próprias denúncias de totalitarismo nos Estados Unidos, inclusive em *Anjos da desolação* e *Viajante solitário*, e sua veemente crítica da massificação, acusou hippies e demais manifestantes de quererem destruir essa sociedade, substituindo-a pelo estado burocrático nos moldes soviéticos.

Ginsberg e os demais ativistas indigitados nesse artigo poderiam responder que não almejavam a destruição dos valores democráticos, porém sua realização efetiva e plena, tal como proposta, entre outros, por Whitman em *Democratic Vistas*. E ainda poderiam lembrar as objeções da esquerda mais tradicional, de orientação soviética, aos beats e à contracultura, apontando-os como sintoma da decadência burguesa, ocupados com temas menores diante da grande causa, a realização da sociedade sem classes.

---

65. Jerry Rubin e Abie Hoffmann foram os líderes dos "yipppies", a fração militante que liderou os protestos, violentamente reprimidos, durante a convenção do partido Democrático em Chicago, em 1968. Mitchell Goodman encabeçou, também em 1968, uma queima de certificados de alistamento em Boston, de grande repercussão.

Relacionar a oposição Ginsberg-Kerouac, o contraste de suas convicções e manifestações políticas, à sua formação e "background" familiar pode ser reducionista. Inumeráveis jovens provenientes de famílias conservadoras se tornaram militantes de esquerda; outros tantos, filhos de militantes esquerdistas, se alhearam da política ou adotaram posições conservadoras. No entanto, no caso dos expoentes beat, a relação entre o que proclamaram e de onde vieram foi exposta por eles. Declararam suas origens, rememoraram-nas e as elaboraram através da sua criação literária; desse modo, ao trazê-las à tona, reconheceram sua importância.

O pai de Ginsberg, Louis, era filho de emigrantes russos; sua mãe, Naomi, chegou aos Estados Unidos quando criança. Ambos, politicamente ativos: Louis, também poeta[66], um socialista; Naomi, comunista, frequentadora de células do partido antes de enlouquecer e ser internada, conforme relatado por Ginsberg em "América" e, especialmente, em "Kaddish". Cresceu, portanto, em um ambiente familiar culto, politizado e cosmopolita. Em outro poema de reminiscências, "Para tia Rose" (Ginsberg, 2010, p. 114), rememora as reuniões em favor dos legalistas na Guerra Civil espanhola de 1936-1939. Conforme já observado (Miles 1989, cf. Willer, 2009), a convivência com a loucura da mãe o estimulou a promover a tolerância; o cosmopolitismo o estimulou a viajar pelo mundo; inclusive, na viagem à Rússia – a então União Soviética –, para conhecer parentes, familiares que haviam permanecido naquele país.

Kerouac também descendia diretamente de imigrantes: seu pai, Leo, nascera em Rivière du Loup, região de Quebec. Mesmo interagindo com descendentes de outras migrações, como os gregos e irlandeses de Lowell, como relatado em *Maggie Cassidy*, foi criado em uma comunidade fechada; tanto é que seus familiares

---

66. Inclusive chegando a figurar em antologias importantes e recebendo algum reconhecimento. Ginsberg, já célebre, chegou a apresentar-se em leituras de poesia com seu pai.

e amigos próximos se comunicavam em *joual*, conforme já comentado. Como se vê em suas narrativas de formação, atribuiu valor ao conservadorismo e provincianismo de seus familiares e comunidade,. Jamais deixou de ver como qualidade o catolicismo tradicionalista da mãe, que em acréscimo era antissemita (assim como o pai) e homofóbica – atitudes que acabaria adotando em seus últimos anos de vida.

A sociologia e a psicologia social têm algo a dizer sobre as origens familiares e a formação desses autores. E, em termos mais gerais, sobre a maior parte dos autores beat virem de outro lugar: serem de origem estrangeira e não se haverem estabelecido naquela localidade em que haviam nascido. Americano de raiz, da elite daquele país, apenas Burroughs. Ilustrativa, sob esse aspecto, é a biografia de Ferlinghetti: nova-iorquino filho de italianos pobres, foi criado na França, em Estrasburgo; de volta aos Estados Unidos, serviu no exército em combates na invasão da Normandia e no Japão (onde passou por Hiroshima logo após a bomba), para doutorar-se na Sorbonne e finalmente instalar-se em São Francisco. Corso também teve o italiano como língua de berço, e passou a vida viajando. O mais multicultural, sem dúvida, foi Bob Kaufman, outro itinerante, filho de um judeu e uma negra antilhana que viajou pelo mundo todo (esses e outros perfis em Willer, 2009).

Semelhante diversidade tem relação com a própria história dos Estados Unidos, país heterogêneo, constituído por migrações. Mas esse cruzamento de origens e distintos estratos da sociedade vai aflorar e ganhar expressão mais evidente na Geração Beat.

Havia exposto, em ocasiões anteriores, a ligação de autores da Geração Beat com o gnosticismo (cf. Willer, 2009, p. 56-62; Willer, 2010, abrindo aquele ensaio). Isso, deixando claro que tal associação não é exclusividade minha: está em uma bibliografia que vai desde o estudo pioneiro de John Tytell, *Naked Angels*, de 1976, até *Gregory Corso – Doubtig Tomist*. de Olson, de 2002, com um capítulo sobre gnosticismo na obra desse poeta.

Aquela doutrina religiosa dualista e heterodoxa, matriz do esoterismo e misticismo na tradição ocidental, competiu com o cristianismo no período entre seu aparecimento e oficialização. Seu mito central, da criação e regência do mundo por um demiurgo (em grego: pequeno deus), procede a uma revisão ou reversão do relato da criação exposto em Gênesis e também do mito exposto por Platão no *Timeu* (em Platão, a criação do mundo fica a cargo de um bom e geométrico demiurgo, e não de uma entidade abominável como o Ialdabaoth gnóstico).

Conforme observado, Weaver foi expressamente mencionado como fonte sobre gnosticismo por Ginsberg e por biógrafos. Nos diários de Kerouac, também são relatados encontros em 1948 com Alfred Kazin (Kerouac, 2006, p. 109 e 177), seu professor na New York School for Social Research para quem escreveu um ensaio, "Whitman: um profeta da revolução sexual". Em *The Portable Blake*, Kazin demonstrou o efetivo conhecimento da doutrina gnóstica pelo poeta, publicando os depoimentos de Crabbe Robinson dando conta de seus diálogos com ele: incluem o trecho em que Blake reinterpreta o Velho Testamento à luz do gnosticismo, entendendo Jeová como mau demiurgo (Kazin 1976, p. 493). Kazin também foi diretamente responsável por sua estreia como narrador: leu *The Town and the City* (*Cidade pequena, cidade grande*), opinou favoravelmente e encaminhou o original a Robert Giroux, que o publicaria pela editora Harcourt Brace (Nicosia, 1983, p. 250). Porém, a seguir, ao ler os originais de *Doctor Sax*, achou que Kerouac havia enlouquecido; e Giroux rejeitaria *On the Road*, mesmo reconhecendo sua qualidade.

Também já havia comentado (em *Um obscuro encanto* e *Geração Beat*) o individualismo e inconformismo dos adeptos do gnosticismo, religião que associava a salvação ao conhecimento, citando Jonas: "Não conformismo era quase um princípio da mente gnóstica, intimamente ligado à doutrina do "espírito" soberano como fonte de conhecimento direto e iluminação" (Jonas, 1963, p. 42; cf. Willer, 2010, p. 38). E me detive na controvertida questão do gnosticismo licencioso, comparando relatos sobre essa modalidade de antinomismo com adágios do tantrismo: "pelos mesmos atos que fazem queimar certos homens no Inferno por milhões de anos, o yoguin obtém sua eterna salvação". Ou: "aquele que sabe desse modo, qualquer pecado que ele pareça cometer, devora tudo e é puro, limpo, sem velhice, imortal" (Eliade, 1963, p. 262).

Interessa comparar tais transcrições com recomendações dos seguidores do Espírito Livre, citadas por Cohn para ilustrar seu "total amoralismo":

> O que distinguiu os adeptos do Espírito Livre de todos os demais sectários medievais foi, precisamente, seu total amoralismo. Para eles, a prova da salvação era não saber nada de consciência ou remorso. Inúmeros de seus pronunciamentos testemunham essa atitude: "Aquele que atribui a si qualquer coisa que faça, e não atribua tudo a Deus, está na ignorância, que é o inferno. ... Nada nas obras de um homem é dele". E, novamente: "Aquele que reconhece que Deus faz todas as coisas em si, esse não pecará. Pois ele não deve atribuir a si, porém a Deus, tudo o que faz" – "Um homem que tem uma consciência é, ele mesmo, demônio e inferno e purgatório, atormentando-se. Aquele que está livre em espírito escapa de todas essas coisas." – "Nada é pecado exceto aquilo que é pensado como sendo pecado." – "Alguém pode estar tão unido com Deus que, qualquer coisa que faça, não poderá pecar." – "Eu pertenço à liberdade da natureza e tudo o que minha natureza deseja eu satisfaço ... Eu sou um homem natural." – "O homem livre tem toda razão em fazer tudo o que lhe der prazer." (Cohn, 1970, p. 177)

Foi central, na ideologia do Espírito Livre,

> [...] a distinção entre o Estado da Natureza, que era baseado na Lei Natural e expressado diretamente pela intenção divina, e o estado convencional, surgido e sancionado pelo

costume. [...] desigualdade, escravidão, governo coercitivo e até propriedade privada não tinham lugar na intenção original de Deus e só vieram a ser como resultado da Queda. (Cohn, 1981, p. 192)

O antinomismo é, portanto, evidente:

Os adeptos do Espírito Livre, por outro lado, foram intensamente subjetivos, não reconhecendo qualquer autoridade a não ser suas próprias experiências. A seus olhos, a Igreja era, quando muito, um obstáculo à salvação; na pior das hipóteses, um inimigo tirânico – em qualquer caso, uma instituição desgastada, que agora teria que ser substituída por sua própria comunidade, enxergada como vaso para o Espírito Santo. (idem, p. 150)

Tais heréticos retomavam e reinterpretavam, mostra Cohn, ideias presentes em um possível cristianismo primitivo; em passagens dos Evangelhos (certamente, na escala de valores exposta no Sermão da Montanha) e interpretações da doutrina de Pais da Igreja, inclusive Agostinho. Mas sua expansão só ocorreria no final da Idade Média:

Até quase o final do século XIV, parece que apenas alguns obscuros sectários, como alguns dos adeptos do Espírito Livre, tentaram trazer o Estado da Natureza igualitário das profundezas do passado e projetá-lo no futuro. Mas, embora poucos a empreendessem, essa tentativa de recriar a Idade do Ouro não foi sem importância. Produziu uma doutrina que se tornou um mito revolucionário assim que foi apresentada aos pobres turbulentos e se fundiu às fantasias da escatologia popular (Cohn, 1981, p. 197).

Interessam consequências extraídas por adeptos daquela "escatologia popular":

[...] uma expressão dessa atitude era ainda um erotismo promíscuo e misticamente colorido [...] pois para os "sutis em espírito" a relação sexual não pode, em quaisquer circunstâncias, ser pecaminosa. [...] Alguns adeptos atribuíam um valor transcendental, quase-místico, ao próprio ato sexual, quando realizado por alguém como eles. [...] Os adeptos por vezes praticavam a nudez ritual, assim como por vezes permitiam-se promiscuidade sexual; e nos dois casos afirmavam – como um inquisidor expôs – que estavam reintegrados ao estado de inocência que havia existido antes da Queda. (idem, p. 180)

O adamismo, a prática de cultos em completa nudez, que ocorria em comunidades dos antigos gnósticos, reapareceria entre os "sutis em espírito".

Tais manifestações do que Norman O. Brown classificaria como "misticismo do corpo", em seu já clássico *Life Against Death* (cf. Brown, 1985), possibilitam aproximações com rituais tântricos nos quais sexo e cerimônia religiosa podiam confundir-se. E também com o que chegaram a fazer sabatianistas e frankistas, os antinomistas judeus nos séculos XVII e XVIII (Scholem, 1995, no capítulo 8, "Sabatianismo e heresia mística"; Scholem, 1999; Idel, 2005).

Ao examinar a moldura ou quadro de referências neoplatônico nas insurreições religiosas medievais, especialmente naquela do Espírito Livre, Cohn observa que, tomando ensinamentos de Plotino como ponto de partida, o extrapolaram:

Ortodoxia e misticismo herético brotaram igualmente de um empenho pela imediata apreensão de uma comunhão com Deus; ambos destacavam igualmente o valor das experiências intuitivas e extáticas; e ambos eram, de modo igual, enormemente estimulados pela redescoberta da filosofia neoplatônica, da qual tomaram a maior parte de seu aparato conceitual (idem, ibidem).

Mas o historiador não chega a associá-los ao gnosticismo. E não parece dar-se conta, ao citar Plotino, de que a crítica daquele neoplatônico aos gnósticos era, justamente, pelo relativismo moral e licenciosidade, como expôs nas *Eneadas*.

Manifestando-se na Europa toda, o Espírito Livre viria, diz Cohn, da Espanha, onde se iniciaria por influência do sufismo; por sua vez, segundo especialistas (Hutin, Jonas, Doresse, entre outros), modalidade do gnosticismo no campo muçulmano. Mas, como hipótese alternativa ou complementar, pode ser que a origem do Espírito Livre na Península Ibérica se deva ao reaparecimento ou permanência subterrânea do priscilianismo, ramificação do gnosticismo: os adeptos do bispo dissidente Prisciliano, executado no século IV, também adotavam a ideia de uma libertação e supressão do pecado após o contato com o Espírito Santo.[67]

Qualquer que fosse sua origem, sufita, gnóstica ou ambas, a heresia estendeu-se pela Europa toda, chegando até o norte da Alemanha, Galícia e Morávia. Seus difusores foram peregrinos autoflagelantes e os begardos e beguinas (ainda segundo Cohn, de Beghards, os heréticos que haviam feito voto de pobreza, vem o vocábulo beggar para designar mendigos; beguinas foram as praticantes do mesmo voto, do sexo feminino). Cronologicamente, ultrapassou a Idade Média, pois durou dos séculos XIII a XVII, considerando-se (como o faz Cohn) os "ranters"[68] ingleses – uma fração radical dos movimentos que resultaram na destituição e decapitação de Carlos I e na ascensão de Cromwell – como extensão ou ramificação.

Pode-se enxergar relações genéticas, de transmissão ao longo do tempo: William Blake, matricial para os beats, tinha pleno conhecimento dos "ranters"; e, comprovadamente, de inúmeras outras expressões e eclosões históricas da religiosidade divergente, heterodoxa e não institucional que defendeu em seus poemas, em uma grande síntese de mitologias e doutrinas místicas (uma diversidade de estudos, desde aquele pioneiro de Northrop Frye, passando por Kazin e Van Meurs, não permite dúvidas sobre a amplidão da cultura de Blake).

---

67. Já observei, no prefácio, a escassez da bibliografia a respeito.
68. A expressão "ranters" vem do verbo "to rant": fazer um discurso sem sentido, delirar, expressar-se através de um palavrório.

Pansexualismo combinado a panteísmo: aquilo que se observa no Espírito Livre e outras modalidades religiosas divergentes é o que se vai reencontrar como recomendação em Blake, nos "Provérbios do Inferno" de *O Casamento do Céu e do Inferno*; especialmente no famoso "O caminho do excesso leva ao palácio da sabedoria" e neste lema: "Porque tudo o que vive é Sagrado" (Blake, 2007, p. 31). Como observa van Meurs, "Blake afirma a regra hermética de que 'assim como embaixo, no alto' em seu dito 'Deus está nos efeitos mais baixos assim como nas causas mais elevadas'" (Van Meurs, 1998, p. 277; cf. Willer, 2010, capítulo onze).

Chega a ser óbvia a caracterização da Geração Beat como rebelião, ou dos beats como rebeldes, tal como definidos por Octavio Paz em um artigo intitulado "Revolta, revolução e rebelião" (aqui publicado na coletânea *Signos em rotação*; Paz, 1972).

No final do artigo de Paz há observações sobre a mudança de significado desses termos na modernidade:

> [...] a palavra guerreira, rebelião, absorve os antigos significados de revolta e revolução. Como a primeira, é protesto espontâneo frente ao poder; como a segunda, encarna o tempo cíclico que põe acima o que estava abaixo, em um girar sem fim. O rebelde, anjo caído ou titã em desgraça, é o eterno inconformado. Sua ação não se inscreve no tempo retilíneo da história, domínio do revolucionário ou do reformista, mas no tempo circular do mito: Júpiter será destronado, Quetzacoatl voltará, Luzbel regressará ao céu. Durante todo o século XIX o rebelde vive à margem. Os revolucionários e os reformistas o veem com a mesma desconfiança com que Platão vira o poeta e pela mesma razão: o rebelde prolonga os prestígios nefastos do mito. (Paz, 1972, p. 265)

Portanto, "revolução" e "rebelião", na interpretação de Paz, são categorias antagônicas e conflitantes, por adotarem visões opostas do tempo: linear-progressivo para o revolucionário, circular-regressivo para o rebelde.

A avaliação da Geração Beat por Octavio Paz não chegou a ser favorável. Há, até mesmo, algo de idiossincrático em observações como esta:

> [...] o movimento beat foi mais interessante do ponto de vista moral e histórico que poético. Embora vários dos poetas beat tenham talento, nenhum deles inaugura uma nova tradição. Sua obra não é nem uma ruptura nem um começo, como o foram no seu tempo as de Pound, Cummings e Eliot. (Paz, 1973[69])

Em um artigo, da mesma época, "Os novos acólitos", criticaria "imitadores hispano-americanos" da beat, mas sem nomeá-los:

> Repetir a Olson ou a Ginsberg em Lima, Caracas, Buenos Aires, Santiago, México ou Tegucicalpa equivale a ignorar – ou o que é pior: a esquecer – que essa revolução poética já foi feita em língua espanhola e, precisamente, não na Espanha, mas na América. (Paz, 1972, p. 140)

Em uma tese recente, a crítica de Paz à "suposta alienação destes novos autores hispânicos em relação à sua própria tradição poética" é examinada (a meu ver com razão) como defesa do "cânone construído pela elite literária latino-americana até a primeira metade do século XX" (Rosário, 2012, p. 151).

Não obstante, categorias importantes na contribuição de Paz à crítica aplicam-se ao exame da Geração Beat – o que, em certa medida, compromete suas restrições. Em especial, a dualidade revolução – rebelião: aceita, Kerouac, Ginsberg e outros beats

---

69. Essa primeira edição de *Solo a dos voces*, suas entrevistas para Julián Rios, da Lumen, vem sem numeração de páginas.

foram rebeldes típicos, românticos; isso, na proporção da sua religiosidade; ou melhor, de suas religiosidades pessoais, heterodoxas e sincréticas. Confundem-se com o apreço pelo arcaico e o empenho em recuperá-lo. Religião é a expressão, resgate ou recriação de tradições (até etimologicamente: re-ligar, restabelecer uma ligação).

Apreço pelo arcaico e empenho em recuperá-lo não foram restritos aos beats. Yates abre *Giordano Bruno e a tradição hermética* com esta observação sobre o impacto na cultura renascentista do hermetismo e neoplatonismo da Antiguidade tardia: "Todos os grandes movimentos de vanguarda da Renascença tiraram vigor e impulso emocional do olhar que lançavam ao passado". (Yates, 1995, p. 17).

Na frase da historiadora, poderia ser retirada a expressão "da Renascença". Ficaria assim: "Todos os grandes movimentos de vanguarda tiraram vigor do olhar que lançavam ao passado".

De fato, românticos do final do século XVIII reinterpretaram a Idade Média e recuperaram antigas sagas e mitos. Simbolistas do final do século XIX fascinavam-se pelo ocultismo, tradição hermética, budismo e hinduísmo. No século XX, Breton e os surrealistas valorizaram a narrativa "gótica" e o romantismo, beberam nas fontes herméticas e conferiam especial valor à alquimia e à astrologia; e aos mitos e lendas de sociedades tribais e povos arcaicos. Um renovador da poesia de língua portuguesa como Pessoa declarava-se gnóstico e quis ser astrólogo profissional. Khlébnikov foi conhecer xamãs siberianos. Artaud procurou (e achou) índios mexicanos, os Taraumara. Vicente Huidobro refez escrituras gnósticas em *Altazor*. Herberto Helder, em *As magias* e outros dos seus livros, põe lado a lado cantos tribais e poesia contemporânea. Em Roberto Piva, são citados magos e esoteristas, e a identificação do poeta e xamã é poeticamente elaborada em seus últimos poemas e manifestos.

Semelhante encontro de tradição e modernidade é manifesto em Apollinaire. Não só em seu artigo-manifesto *L'esprit nouveau et les poètes* e em narrativas remontando a temas tradicionais, gnosticismo inclusive; porém em "Zone" (Apollinaire, 1984), marco da modernidade, com sua simultaneidade de tempos e espaços, no qual invoca as divindades arcaicas – lembrando que esse poema está entre aqueles que Ginsberg transcreveu como um dos que inspiraram "Uivo", na edição comentada das versões desse poema (Ginsberg, 1986).

Rimbaud fornece a chave para entender a simultaneidade do arcaico e do novo em tais movimentos, dos quais foi o grande precursor, através de duas de suas frases: "É preciso ser absolutamente moderno", em *Uma temporada no Inferno* (Rimbaud, 1998, p. 191); e "Na Grécia, verbo e lira ritmam com a ação", na "Carta do vidente" (Lima, 1993, p. 15). Em outras palavras: em um tempo passado (para Rimbaud, a Grécia antiga) houve unidade de poesia e vida; em um futuro, no âmbito da modernidade absoluta, a unidade poderá ser restaurada.

Pode-se enxergar em movimentos inovadores, desde a primeira geração romântica do final do século XVIII, incluindo as vanguardas históricas e chegando até contemporâneos, o encontro de dois eixos. Um deles na diacronia, recuperando tradições. Outro na sincronia, ao incorporar a heteroglossia, a voz do outro, inclusive os vocábulos e modos de expressar-se da língua falada e tudo o que seria considerado, naquele momento, poeticamente ou artisticamente impróprio. E, ainda, relacionando-se duplamente com a própria modernização, tal como manifesta através da inovação científica e tecnológica: criticamente; mas ao mesmo tempo tomando-a como tema e instrumento, a exemplo, entre tantos outros, do cinema para os surrealistas, ou da radiofonia e do registro gravado para Kerouac. Aceito esse paradigma, a Geração Beat é exemplar: compuseram-na autores no limiar de uma cultura digital, chegando a participar diretamente dela. Pode-se até mesmo arriscar mais uma hipótese: de que a força, o caráter subversivo de um movimento ou autor de vanguarda se relaciona à tensão entre esses polos, da modernidade e tradição, do novo, frente ao arcaico.

O budismo de Ginsberg, o tradicionalismo de Kerouac, o catolicismo em Corso e Lamantia, o xamanismo de McClure, o budismo, taoismo e xamanismo de Snyder, o ocultismo e budismo de Di Prima seriam, portanto, casos particulares, manifestações específicas dessa característica de movimentos inovadores, de recuperarem tradições. E, através desse resgate, trazendo o que foi esquecido e recalcado, assim reescrevendo a História. Ou anulando o tempo: instaurando um novo – e antiquíssimo – tempo da poesia. Um tempo ontologicamente real, no dizer de Paz: "O poema é via de acesso ao tempo puro, imersão nas águas originais da existência" (Paz, 1983, p. 31).

Misticismo em geral e místicas da transgressão em especial ajustam-se à perfeição a tal desígnio: temas à margem, incomodam aos teólogos racionalistas e historiadores de orientação positivista, por serem intrinsecamente subversivos.

Conforme observado aqui, no capítulo inicial, Cohn vê paralelos entre o que chama de "mito social dinâmico", sustentado na "fantasia do Estado igualitário da Natureza" (Cohn, 1981, p. 201) em rebeliões religiosas da Idade Média e uma diversidade de ideologias e movimentos modernos.

Permite-se, por isso, ver precursores medievais tanto do socialismo utópico, de anarquismos, no caso dos Irmãos do Espírito Livre, quanto do nazismo, nos nacionalismos germânicos e na ocupação de Münster por rebeldes já no século XVI; e também do stalinismo. Em comum, a crença em um fim dos tempos, dando um sentido escatológico à história.

A mesma linha de interpretação é retomada por um estudioso mais recente, John Gray, em *Missa negra*. Baseando-se em Cohn, acrescenta à família dos messianismos modernos não só o marxismo, mas aquele dos dirigentes que acreditam na democracia liberal como destino das nações modernas ou etapa final da história. Exemplos, para Gray, estariam nas justificativas do "Consenso de Washington" do início da década de 1990, e do presidente Bush e integrantes da sua equipe para a invasão do Iraque em 2003: o sucesso do empreendimento seria inevitável, porquanto amparado em uma lógica da história.

Cohn sugere, portanto, continuidade, em lugar de oposição, como o faz Paz, entre as duas categorias, rebelião e revolução, já que temas de sublevações em um dado período histórico podem reaparecer como programa em outro período, subsequente.

Hakim Bey, esse interessante pensador anarquista contemporâneo, apresenta outro enfoque, com sua insistência nas raízes religiosas e místicas do anarquismo; e ao sugerir, conforme já citado aqui, origens norte-americanas em sublevações religiosas e antinomismos, inclusive aqueles estudados por Cohn, como os "ranters", entre outros "protestantes radicais", "quakers", "patifes" etc. As genealogias aqui propostas, relacionando antinomismos medievais e rebeliões modernas, são consistentes com o pensamento desse autor. Mas sua teoria política, adotando a categoria do nomadismo de Gilles Deleuze e Félix Guattari, valoriza o caráter temporário das zonas autônomas, as TAZ. Teriam que ser microcosmos transitórios, além de nômades; a estabilidade e institucionalização necessariamente acarretariam sua neutralização, sua conversão em mais uma burocracia, reproduzindo a "traição do sonho" pelos socialismos (Bey, p. 18).

Contudo, se a Geração Beat originou-se como microcosmo, pequeno grupo marginal, seu prosseguimento através da contracultura teve características de um forte movimento coletivo, nem um pouco invisível, e que deixou um rastro permanente. E sua força adveio da repercussão dos beats. Ser circunscrita no tempo, com uma duração definida, não deveria ser interpretado como derrota – menos ainda a temporalidade das vanguardas, na qual Walter Burkert, Jürgen Habermas e outros também veem derrota: comprovadamente, ressurgem em outros momentos e lugares, como novas sublevações.

Admitida a dualidade da rebelião, transitória e arcaizante, e a revolução, a apresentar-se como inovadora e definitiva, o exame das consequências da Geração Beat, do modo como esta se projetou na diacronia, favorece a ideia de uma possível síntese desses polos. Breton, em uma de suas críticas ao comunismo soviético, fez uma proclamação famosa: "'Transformar o mundo', disse Marx; 'mudar a vida', disse Rimbaud: para nós, essas duas palavras de ordem são uma só" (Breton, 2001, p. 285). Ginsberg, místico e ativista político, pode ter representado essa síntese da revolução e rebelião, transformação da sociedade e do indivíduo, assim como aquela do poeta "maldito" e "olímpico". No entanto, nitidamente, em seu pensamento político a rebelião tem precedência sobre a revolução; a transformação individual, através da ampliação da consciência, é indispensável para que revoluções não engendrem novas burocracias.

Ao mesmo tempo, Kerouac, por seu final de carreira e vida, marcados pela autodestruição, por não suportar nem o sucesso, nem as críticas desfavoráveis, demonstraria o caráter problemático da síntese; e até mesmo a natureza real de seus polos ou termos opostos.

Ao se falar em misticismo e rebelião, há um terceiro termo a acrescentar: o mito. Paz é claro, no artigo aqui citado: rebelião é restauração do mito, tentativa de retorno à era mítica, à Idade do Ouro. E Scholem caracteriza o misticismo como revanche do *mythos* contra o *logos*, almejando o retorno ao "que precede a dualidade e nada sabe da separação, o universo verdadeiramente monístico da era mítica do homem" (Scholem, 1995, p. 9). A busca da unidade ou do começo: não por acaso, "A busca do começo" foi o título que Paz deu a seu ensaio sobre Breton e o surrealismo.

É de particular interesse a tese, sustentada por Scholem (cf. Biale, 2004; e principalmente Scholem, 1996 e 1999) de que, no campo judaico, antinomismos como o sabataísmo foram não uma aberração, desvio ou deturpação do misticismo, porém a realização radical de suas premissas; ou seja, sua consequência. Haveria, sustentou, continuidade, e não ruptura, entre a cabala luriânica do século XVI e o sabataísmo do século XVII. Interpretações dessa ordem levam David Biale a falar em "anarquismo religioso" a propósito de Scholem.

Nesse caso, adotando e generalizando tal interpretação, não houve inconsistência em autores da Geração Beat terem sido religiosos, místicos, e transgressores em sua licenciosidade e desregramento. Ao contrário, foram transgressores na mesma medida em que foram religiosos; realizaram premissas da sua religiosidade.

Em outra ocasião, politizei gnosticismo e hermetismo (cf. Willer, 2010), interpretando-os como cultura de resistência contra o Império Romano, traduzida em termos religiosos. Isso, pela inexistência de categorias políticas que só entrariam em cena bem mais tarde, com o Iluminismo. É evidente que tal interpretação se aplica às subsequentes revoltas religiosas, como aquelas estudadas por Cohn: todas, invariavelmente, voltadas contra os proprietários, os nobres e burgueses, a Igreja institucional e o correlato bem-estar do clero.

Mas não seria possível uma espécie de recíproca, uma inversão dessa interpretação, aplicada à religiosidade beat? Não teria havido um retorno às atitudes e terminologia de religiões arcaicas, novamente politizando-as, em face do esgotamento das categorias políticas tão presentes nos últimos três séculos? E, principalmente, diante do modo como foram postas em prática? A hipótese é justificada pelo chamamento de antecedentes religiosos por Ginsberg, Kerouac, Snyder, Di Prima e outros, mesmo levando em conta a diversidade, o caráter plural de tais antecedentes.

A poesia, conforme mostrado por uma diversidade de pensadores – como Paz, Eliade, Scholem e Curtius – é um campo de combate, arena na qual se enfrentam *mythos* e *logos*.[70]

---

70. Examino, em maior detalhe, esse confronto em *Um obscuro encanto*, no capítulo 4.

Entre outros dos que tomaram o partido do *mythos* contra o *logos* está Breton. Em seus dois últimos manifestos, *Prolegômenos a um terceiro manifesto do Surrealismo ou não*, de 1942, e *Do Surrealismo e de suas obras vivas*, de 1953, propôs um novo mito, aquele dos "grandes transparentes" (Breton, 2001, p. 335-353). Observou que "o homem não é talvez o centro, o ponto de mira do Universo", criticando o antropomorfismo, a crença de que "o mundo encontra no homem o seu acabamento"; isso, "sem dar atenção às acusações de misticismo de que não serei perdoado". Nem é preciso comentar o quanto a causa da defesa do meio ambiente e da preservação da vida em nosso planeta ganharia com a adoção do mito bretoniano. Mas o surrealista não propôs um novo mito, porém o mesmo mito arcaico: aquele da correspondência do microcosmo e macrocosmo, em uma variante não teísta. Fora do âmbito dos monoteísmos, para os antigos animismos e politeísmos, o homem não era um centro, feito à imagem de seu criador, porém parte de um todo.

Os beats, por sua vez, não se limitaram a recuperar e reviver mitos arcaicos. Criaram um novo mito. É um mito autorreferente: aquele da própria Geração Beat. Nessa direção apontam as caracterizações aqui observadas da obra de Kerouac como mitografia; as afinidades de Kerouac e Cassady com heróis de sagas e epopeias; o tom profético e messiânico com que Ginsberg anunciou a beat em "Uivo" e outros de seus escritos e manifestações. Como observado por Eliade (e aqui citado), todo mito é relato de origem. O relato beat da origem consistiu, justamente, em narrar a formação daquele movimento: em "Uivo", e, de modo recorrente, em várias das obras de Kerouac.

A força desse mito advém, é claro, da qualidade da criação literária através da qual foi expresso. E também do próprio conceito, "Geração Beat", com seu duplo sentido, remetendo à marginalidade, pelo modo como seu originador, Huncke, o utilizava, e ao misticismo, pela interpretação que lhe foi dada por Kerouac. Um nome impregnado de sentido, de conotações adicionais, se comparado a antecedentes como a "Lost Generation", geração perdida. Movimento literário, apresentou-se desde a origem como confronto com a ordem estabelecida, e não como poética ou programa artístico.

Admitir que o mito produza realidade, ou, ao menos, que produza percepção e interpretação do real, é a caracterização romântica do mito, de Schelling, por exemplo – assim como de Eliade, entre outros de seus estudiosos importantes, bem como de Paz, como fica patente pelos trechos já citados. Tal caracterização do mito e sua relação com a realidade contribui para esclarecer a rapidez com que a poesia e atitude beat se projetaram na diacronia; o modo pelo qual criações literárias logo se fizeram história.

A influência beat – das elevadas tiragens de *Uivo e outros poemas*, de Ginsberg, após o escândalo em seu lançamento, e de *On the Road*, de Kerouac, sucedida pelos *beatniks*, adeptos em massa já em 1958, e pela contracultura, por hippies e rebeliões juvenis da década de 1960, contribuindo para alguma abertura em sociedades contemporâneas, atesta a efetividade desse mito. E possibilita algum otimismo: vencendo o descrédito promovido por críticos burocráticos e sumidades acadêmicas, crescem a leitura e os estudos consistentes sobre literatura beat. Isso justifica observações, não apenas sobre a possibilidade da síntese de rebelião e revolução, mas sobre o papel social da criação poética na modernidade. Através dos beats, não mais subordinada à mensagem, à mera propaganda, nem ao confinamento da criação em cenáculos ou esterilizadas réplicas de laboratórios.

BIBLIOGRAFIA

[diversos autores] *Alma Beat*. Porto Alegre: L&PM, 1984.

[diversos autores] *As entrevistas da Paris Review*. Vol. 1. Trad. Sérgio Alcides Schwartz. São Paulo: Companhia das Letras, 2011.

AMÂNCIO, Moacir. *Yona e o andrógino – notas sobre poesia e cabala*. São Paulo: Nankin/Edusp, 2010.

APOLLINAIRE, Guillaume. *Escritos de Apollinaire*. Trad. Paulo Hecker Filho. Porto Alegre: L&PM, 1984.

ARAGON, Louis. *O camponês de Paris*. Trad. Flávia Nascimento. Rio de Janeiro: Imago, 1996.

BAKHTIN, Mikhail. *Questões de literatura e de estética: a teoria do romance*. São Paulo: Editora Unesp/Hucitec, 1993.

BAUDELAIRE, Charles. *Charles Baudelaire, poesia e prosa*. Ivo Barroso (org.). Rio de Janeiro: Nova Aguilar, 1995.

BEY, Hakim. *TAZ – Zona autônoma temporária*. Trad. Renato Rezende. São Paulo: Conrad, 2011.

BIALE, David. *Cabala e contra-história: Gershom Scholem*. Trad. J. Guinsburg. São Paulo: Perspectiva, 2004.

BIRO, Adam; PASSERON, René (org.) *Dictionnaire géneral du Surréalisme et de ses environs*. Lausanne: Office du Livre, 1982.

BIVAR, Antonio. *Jack Kerouac, o rei dos beatniks*. São Paulo: Brasiliense, 2004.

BLAKE, William. *O casamento do céu e do inferno e outros escritos*. Trad. Alberto Marsicano. Porto Alegre: L&PM, 2007.

BRETON, André. *Manifestos do surrealismo*. Trad. Sérgio Pachá. Rio de Janeiro: Nau, 2001.

BROWN, Norman O. *Life Against Death – The Psychoanalytical Meaning of History*. Middletown: Wesleyan University Press, 1985.

BRUNEL, Pierre (org.). *Dicionário de mitos literários*. Rio de Janeiro: José Olympio, 2005.

BURROUGHS, William; KEROUAC, Jack. *E os hipopótamos foram cozidos em seus tanques*. Trad. Alexandre Barbosa de Souza. São Paulo: Companhia das Letras, 2009.

BURROUGHS, William. *Almoço nu*. Trad. Maura Sá Rego Costa e Flávio Moreira da Costa. São Paulo: Brasiliense, 1984.

BURROUGHS, William. *El trabajo: conversaciones com Daniel Odier*. Barcelona: Editorial Mateu, 1971.

CALASSO, Roberto. *A literatura e os deuses*. Trad. Jônatas Batista Neto. São Paulo: Companhia das Letras, 2004.

CASSADY, Neal. *O primeiro terço*. Trad. Mauro Sá Rego Costa. Porto Alegre: L&PM: 2007.

CHARTERS, Ann (org.). *The Portable Beat Reader*. Londres: Penguin, 1992.

CHARTERS, Ann (org.). *The Portable Jack Kerouac*. Londres: Penguin, 2007.

COHN, Norman. *The Pursuit of the Millennium*. Londres: Oxford University Press, 1981.

COHN, Sergio (org.). *Geração Beat*. Rio de Janeiro: Azougue, 2010.

COHN, Sergio (org.). *Poesia beat*. Rio de Janeiro: Azougue, 2012.

CORSO, Gregory. *Antologia Poética*. Trad. Márcio Simões (trabalho inédito, publicação prevista para 2013).

CORSO, Gregory. *Elegiac Feelings American*. Nova York: New Directions, 1970.

CORSO, Gregory. *Gasolina & Lady Vestal*. Trad. Ciro Barroso. Porto Alegre: L&PM, 1985.

CORSO, Gregory. *Long Live Man*. Nova York: New Directions, 1962.

DANIÉLOU, Alain. *Shiva e Dioniso: a religião da natureza e do Eros*. Trad. Edison Darci Heldt. São Paulo: Martins Fontes, 1989.

DI PRIMA, Diane. *Dinners and Nightmares*. São Francisco: Last Gasp Books, 2003.

DI PRIMA, Diane. *Memoirs of a Beatnik*. São Francisco: Last Gasp Book, 1988.

DI PRIMA, Diane. *Revolutionary Letters*. São Francisco: Last Gasp Book, 2007.

DODDS, E. R. *Os gregos e o irracional*. Trad. Paulo Domenech Neto. São Paulo: Escuta, 2002.

DOSTOIÉVSKI, Fiódor. *Memórias do subsolo*. Trad. Boris Schnaiderman. São Paulo: Editora 34, 2007.

ELIADE, Mircea. *Initiation, rites, sociétés secrètes*. Paris: Gallimard, 1999.

ELIADE, Mircea. *Le chamanisme et les techniques archaiques de l'extase*. Paris: Payot, 1951.

ELIADE, Mircea. *Le Yoga: Immortalité et liberté*. Paris: Petite Bibliothèque Payot, 1968.

ELIADE, Mircea. *Mito e realidade*. Trad. Paola Civelli. São Paulo: Perspectiva, 1972.

ELLMAN, Richard. *Yeats: The man and the masks*. Londres: Penguin Books, 1987.

FERGUSON, Robert. *Henry Miller: uma vida*. Trad. Magda Lopes. Porto Alegre: L&PM, 1991.

FERLINGHETTI, Lawrence. *Vida sem fim*. Trad. Nelson Ascher, Paulo Leminski, Marcos A. P. Ribeiro e Paulo Henriques Brito. São Paulo: Brasiliense, 1984.

GIFFORD, Barry; LEE, Lawrence. *O livro de Jack*. Trad. Bruno Gambarotto. São Paulo: Globo, 2013.

GINSBERG, Allen; GINSBERG, Louis. *Negócios de família*. Trad. Camila Lopes Campolino. Michael Schumacher (org.). São Paulo: Peixoto Neto, 2011.

GINSBERG, Allen; BURROUGHS, William. *Cartas do yage*. Porto Alegre: L&PM, 2008.

GINSBERG, Allen. *A queda da América*. Trad. Paulo Henriques Brito. Porto Alegre: L&PM, 1987.

GINSBERG, Allen. *Allen Verbatim: Lectures on Poetry, Politics and Consciousness by Allen Ginsberg*. Gordon Ball (ed.). Nova York: McGraw-Hill Paperbacks, 1974.

GINSBERG, Allen. *Collected Poems 1947-1980*. Nova York: Harper & Row, 1988.

GINSBERG, Allen. *Howl* (editado por Barry Miles). Nova York: Harper & Row, 1986.

GINSBERG, Allen. *Indian Journals*. São Francisco: Dave Haselwood Books/ City Light Books, 1974.

GINSBERG, Allen. *Spontaneous mind – selected interviews 1958-1996*. David Carter (ed.), Václav Havel (pref.), Edmund White (intr.). Nova York: Harper Collins, 2002.

GINSBERG, Allen. *Uivo e outros poemas*. Trad. Claudio Willer. Porto Alegre: L&PM, 2010.

GOODMAN, Felicitas. "Glossolalia", *in* ELIADE, Mircea (ed.), *The Encyclopedia of Religion*, vol. V. Nova York: Collier Macmillan, 1987.

GRAY, John. *Missa Negra – Religião apocalíptica e o fim das utopias*. Trad. Clóvis Marques. Rio de Janeiro: Record, 2008.

HARPER, George Mills. *Yeats's Golden Dawn*. Wellingborough, Northamptonshire: The Aquarian Press, 1974.

HESÍODO. *Teogonia – a origem dos deuses*. Trad. J.A.A. Torrano. São Paulo: Iluminuras, 2009.

HOLLADAY, Hilary; HOLTON, Robert (orgs.). *What's Your Road, Man? Critical Essays on Jack Kerouac's On The Road*. Carbondale: Southern Illinois University Press, 2009.

HUTIN, Serge. *Les gnostiques*. Paris: PUF, 1978.

IDEL, Moshe. *Kabbalah and Eros*. Londres: Yale University Press, 2005.

JACKSON, Carl. "The Counterculture looks East: Beat writers and Asian Religion", em *The Beat Generation – a Gale critical companion*. Linn M. Zott (org.). Detroit: Thomson/Gale, 2003.

JOHNSON, Joyce. *Minor Characters*. Nova York: Penguin Books, 1999.

JONAS, Hans. *The Gnostic Religion: The Message of the Alien God and the Beginnings of Christianity*. Beacon Press, 1963.

JOYCE, James. *Ulisses*. Trad. João Palma-Ferreira. Lisboa: Livros do Brasil, 1989.

KASHNER, Sam. *Quando eu era o tal*. Trad. Santiago Nazarian. São Paulo: Planeta, 2005.

KAZIN, Alfred (org.). *The portable Blake*. Nova York: Penguin Books, 1976.

KEROUAC, Jack. "The Art of Fiction" (entrevista para a *Paris Review* nº 41), disponível em http://www.theparisreview.org/interviews/4260/the-art-of-fiction-no-41-jack-kerouac

KEROUAC, Jack. *Anjos da desolação*. Trad. Guilherme da Silva Braga. Porto Alegre: L&PM, 2010.

KEROUAC, Jack. *Big Sur*. Trad. Guilherme da Silva Braga. Porto Alegre: L&PM, 2009.

KEROUAC, Jack. *Book of Haikus*. Nova York: Penguin, 2006.

KEROUAC, Jack. *Book of Sketches*. Nova York: Penguin, 2006.

KEROUAC, Jack. *Cidade pequena, cidade grande*. Trad. Edmundo Barreiros. Porto Alegre: L&PM, 2008.

KEROUAC, Jack. *Despertar: uma vida de Buda*. Trad. Lúcia Brito. Porto Alegre: L&PM, 2010.

KEROUAC, Jack. *Diários de Jack Kerouac, 1947-1954*. Douglas Brinkley (ed.). Trad. Edmundo Barreiros. Porto Alegre, L&PM, 2006.

KEROUAC, Jack; GINSBERG, Allen. *As cartas*. Bill Morgan e David Sanford (ed.). Trad. Eduardo Pinheiro de Souza. Porto Alegre: L&PM, 2012.

KEROUAC, Jack. *Geração Beat*. Trad. Edmundo Barreiros. Porto Alegre, L&PM, 2007.

KEROUAC, Jack. *Heaven & other poems*. São Francisco: City Lights/Grey Fox, 1977.

KEROUAC, Jack. *Maggie Cassidy*. Londres: Penguin Classics, 2009.

KEROUAC, Jack. *Mexico City Blues*. Nova York: Grove Press, 1990.

KEROUAC, Jack. *On the Road – o manuscrito original*. Howard Cunnell (org.), Howard Cunnell, Penny Vlagopoulos, George Mouratidis e Joshua Kupetz (pref.). Trad. Eduardo Bueno e Lúcia Brito. Porto Alegre: L&PM, 2008.

KEROUAC, Jack. *On the Road: pé na estrada*. Trad. Eduardo Bueno. Porto Alegre: L&PM, 2004.

KEROUAC, Jack. *Os subterrâneos*. Trad. Paulo Henriques Brito. Porto Alegre: L&PM, 2007.

KEROUAC, Jack. *Os vagabundos iluminados*. Trad. Ana Ban. Porto Alegre: L&PM, 2007.

KEROUAC, Jack. *Scattered Poems*. São Francisco: City Lights, 1971.

KEROUAC, Jack. *The Scripture of the Golden Eternity*. São Francisco: City Lights, 1994.

KEROUAC, Jack. *The Sea is My Brother – The lost novel*. Dawn M. Ward (ed.). Londres: Penguin Classics, 2011.

KEROUAC, Jack. *The Subterraneans – Pic*. Londres: Granada, 1981.

KEROUAC, Jack. *Tristessa*. Trad. Edmundo Barreiros. Porto Alegre: L&PM, 2007.

KEROUAC, Jack. *Vanity of Duluoz*. Nova York: Penguin, 1994.

KEROUAC, Jack. *Viajante solitário*. Trad. Eduardo Bueno. Porto Alegre: L&PM, 2006.

KEROUAC, Jack. *Visões de Gerard*. Trad. Guilherme da Silva Braga. Porto Alegre: L&PM, 2013.

KEROUAC, Jack. *Visões de Cody*. Trad. Guilherme da Silva Braga. Porto Alegre: L&PM, 2009.

KNIGHT, Brenda. *Women of the Beat Generation*. Berkeley: Conary Press, 1996.

LAMANTIA, Philip. *Tau*, & John Hoffman, *Journey to the end*. Garret Caples (org.). São Francisco: City Lights, 2008.

LARDAS, John. *The Bop Apocalypse: The religious visions of Kerouac, Ginsberg and Burroughs*. University of Illinois, 2001.

LAYTON, Bentley (org.). *As escrituras gnósticas*. Trad. Margarida Oliva. São Paulo: Loyola, 2002.

MCCLURE, Michael. *A nova visão de Blake aos beats*. Trad. Daniel Bueno, Luiza Leite e Sergio Cohn. Rio de Janeiro, Azougue, 2005.

MELTZER, David (ed.). *San Francisco Beat: talking with the poets*. São Francisco: City Lights, 2001.

MILES, Barry. *Ginsberg, a Biography*. Nova York: Simon and Schuster, 1989.

MILES, Barry. *Jack Kerouac – king of the beats*. Trad. Roberto Mugiatti, Cláudio Figueiredo, Beatriz Horta. Rio de Janeiro: José Olympio, 2012.

MILES, Barry. *The Beat Hotel: Ginsberg, Burroughs, and Corso in Paris, 1958-1963*. Nova York, Grove Press, 2000.

MILLER, Henry. *Plexus*. Livro II. Trad. Hélio Pólvora. São Paulo: Nova Cultural, 1990.

MORGAN, Ted. *Literary Outlaw: The life and times of William S. Burroughs*. Nova York: Avon Books, 1990.

NICOSIA, Gerald. *Memory Babe, a critical biography of Jack Kerouac*. Middlesex: Penguin Books, 1983.

NOVALIS, *Philosophical Writings*. Trad. e ed. Margaret Mahony Stoljar. Nova York: State University of Nova York Press, Albany, 1997.

OLSON, Kirby. *Gregory Corso: Doubting Thomist*. Carbondale: Southern Illinois University Press, 2002.

PAISSE, Jean-Marie. *L'essence du platonisme*. Bruxelles: Pierre Mardaga, Editeur, 1978.

PAZ, Octavio; RIOS, Julián. *Solo a dos voces*. Barcelona: Lumen, 1973.

PAZ, Octavio. *O arco e a lira*. Trad. Olga Savary. Rio de Janeiro, Nova Fronteira, 1982.

PAZ, Octavio. *A outra voz*. Trad. Wladir Dupont. São Paulo, Siciliano, 1990.

PAZ, Octavio. *Conjunções e disjunções*. Trad. Lúcia Teixeira Wisnik. São Paulo, Perspectiva, 1979.

PAZ, Octavio. *Convergências – ensaios sobre arte e literatura*. Trad. Moacyr Werneck de Castro. Rio de Janeiro: Rocco, 1991.

PAZ, Octavio. *Os filhos do barro*. Trad. Olga Savary. Rio de Janeiro: Nova Fronteira, 1984.

PAZ, Octavio. *Signos em rotação*. Trad. Sebastião Uchoa Leite. São Paulo: Perspectiva, 1972.

PLATÃO. *Platon: Le Banquet – Phèdre*. Emile Chambry (tradução, prefácio e notas). Paris: Garnier, 1964.

PLIMPTON, George (ed.). *Beat writers at work – The Paris review*. Nova York: Paris Review/Modern library, 1999.

PROUST, Marcel. *À la recherche du temps perdu*. Jean-Yves Tardié (org. - vol. 1). Paris: Gallimard (Pléiade), 1987.

REXROTH, Kenneth. *Communalism: From Its Origins to the Twentieth Century* (1974), em http://www.bopsecrets.org/rexroth/communalism2.htm#4.

RIMBAUD, Arthur. *Prosa poética*. Trad. e org. Ivo Barroso. Rio de Janeiro: Topbooks, 1998.

ROBINSON, James M. (ed.) *The Nag Hammadi Library in English*. Harper Collins, Nova York, 1990.

ROSÁRIO, André Telles. *Pé nas encruzilhadas, Trajetos e traduções de On the Road pela América Latina* (tese de doutorado). Recife: Universidade Federal de Pernambuco, Centro de Artes e Comunicação, Programa de pós-graduação em Letras, 2012.

ROSZAK, Theodore,."Journey to the East ... and Points Beyond: Allen Ginsberg and Allan Watts", em *The Beat Generation – a Gale critical companion*. Linn M. Zott (org.) Detroit: Thomson/Gale, 2003.

SAN JUAN DE LA CRUZ. *Cántico Espiritual*. Madrid: Olympia ediciones, 1995.

SCHOLEM, Gershom G. *As grandes correntes da mística judaica*. Trad. Jacó Guinsburg e outros. São Paulo, Perspectiva, 1995.

SCHOLEM, Gershom G. *O nome de Deus, a teoria da linguagem e outros estudos de cabala e mística: judaica II*. Seleção de textos de Haroldo de Campos e J. Guinsburg. Trad. Ruth Joana Santos e J. Guinsburg. São Paulo: Perspectiva, 1999.

SCHOLEM, Gershom G. *On the Kabbalah and its Symbolism*. Nova York: Schockem Books, 1965.

SCHOLEM, Gershom G. *Sabatai Tzvi: o messias místico*. Vols. I, II e III. Trad. Ari Solon, Margarida Goldstajn, J. Guinsburg e outros. São Paulo, Perspectiva, 1996.

SNYDER, Gary. *Re-habitar*. Luci Collin e Sergio Cohn (org.). Trad. Luci Collin. Rio de Janeiro: Azougue, 2005.

SPENGLER, Oswald. *A decadência do Ocidente*. Helmut Werner (ed.). Trad. Herbert Caro. Rio de Janeiro: Zahar, 1964.

STONE, Irving. *Sailor on Horseback*. Londres: Consul books, s/d.

TEIXEIRA, Faustino (org.). *Caminhos da mística*. São Paulo: Paulinas, 2012.

TYTELL, John. *Propheten der Apocalypse*. Trad. Christiane Kluge. Viena: Europawerlag, 1979.

VAN MEURS, Jos. "William Blake and his Gnostic Myths", em *Gnosis and Hermeticism from Antiquity to Modern Times*. Roelof van den Broek e Wouter J. Hanegraaff (ed.). State University of Nova York Press, 1998.

WALDMAN, Anne (org.). *The Beat Book, Poems and Fiction of the Beat Generation*. Boston: Shambala, 1996.

WHITMAN, Walt. *Folhas de relva*. Tradução e posfácio de Rodrigo Garcia Lopes. São Paulo: Iluminuras, 2005.

WILLER, Claudio "A natureza e alguns poetas". Revista *Celuzlose*, nº 2. São Paulo: Dobra editorial e Editora Patuá, junho de 2012.

WILLER, Claudio. "A rebelião beat". In: Alves-Bezerra. Wilson; Signori, Monica Baltazar (org.). Letras em Jornada: artigos da 12ª Jornada de Letras da UFSCar, Departamento de Letras da UFSCar. 1 ed. São Carlos, SP: Departamento de Letras da UFSCar e Pedro & João Editores, 2009.

WILLER, Claudio. "Beats & rebelião – beat e tradição romântica", em *Alma Beat*, diversos autores, Porto Alegre: L&PM, 1984.

WILLER, Claudio. "Jack Kerouac, Geração Beat, literatura e cinema". Reserva Cultural. São Paulo, SP, p. 34-39, 30 mar. 2011.

WILLER, Claudio. "Mística da marginalidade", Cult (São Paulo), v. 152, p. 63-65, 2010.

WILLER, Claudio. "Na estrada, a caminho do fim". *O Estado de S.Paulo* – suplemento Sabático, São Paulo, SP, p. 6, 18 set. 2010.

WILLER, Claudio. "Traduzir Allen Ginsberg: poesia e questões de poética". In: Maria Clara Versiani Galery, Elzira Divina Perpétua, Irene Hirsh (org.). Tradução, Vanguardas e Modernismos. 1 ed. São Paulo, SP: Paz e Terra, 2009, v., p. 39-56.

WILLER, Claudio. *Dias circulares.* São Paulo: Massao Ohno, 1976.

WILLER, Claudio. *Geração Beat.* Porto Alegre: L&PM, 2009.

WILLER, Claudio. *Um obscuro encanto: gnose, gnosticismo e a poesia moderna.* Rio de Janeiro: Civilização Brasileira, 2010.

WILSON, Peter Lamborn. *Chuva de estrelas – o sonho iniciático no sufismo e taoismo.* Trad. Alexandre Matias. São Paulo: Conrad, 2004

YATES, Frances A. *El iluminismo rosacruz.* Trad. de Roberto Gomes Ciriza. México D. F: Fondo de Cultura Económica, 2001.

YATES, Frances A. *Giordano Bruno e a tradição hermética.* Trad. Yolanda Steidel de Toledo. São Paulo: Cultrix, 1995.

YEATS, W. B. *A Vision.* Londres: Papermac, 1989.

ZOTT, Lynn M. (ed.). *The Beat Generation: a Gale critical companion.* 3 volumes. Detroit: Thomson Gale, 2003.

SOBRE O AUTOR

Claudio Willer (São Paulo, 1940) é poeta, ensaísta e tradutor. Seus vínculos são com a criação literária mais rebelde e transgressiva, como aquela representada pelo surrealismo e pela Geração Beat. Publicou *Geração Beat* (L&PM POCKET, 2009); *Estranhas experiências*, poesia (Lamparina, 2004); *Volta*, narrativa (Iluminuras, 2004); e traduziu *Os cantos de Maldoror, poesias e cartas*, de Lautrémont (Iluminuras, 2008) e *Uivo e outros poemas*, de Allen Ginsberg (L&PM POCKET, 2010). Teve publicados, também, *Poemas para leer en voz alta* (Andrómeda, 2007), *Manifestos, 1964-2010* (Azougue, 2013) e ensaios na coletânea *Surrealismo* (Perspectiva, 2008). É autor de outros livros de poesia – *Anotações para um Apocalipse* (Massao Ohno, 1964), *Dias circulares* (Massao Ohno, 1976) e *Jardins da provocação* (Massao Ohno / Roswitha Kempf, 1981) – e da coletânea *Escritos de Antonin Artaud*, todos esgotados. Aguarda publicação de *A verdadeira história do século XX*, poesia (Annablume). Teve publicados poemas em grande número de antologias e inúmeras revistas e periódicos literários, no Brasil e em outros países. Presidiu por vários mandatos a UBE, União Brasileira de Escritores. Trabalhou em administração cultural, inclusive como Coordenador da Formação Cultural na Secretaria Municipal de Cultura (1993-2001). Doutor em Letras pela USP com *Um obscuro encanto: gnose, gnosticismo e a poesia moderna* (2008; Civilização Brasileira, 2010), fez pós-doutorado na mesma universidade sobre *Religiões estranhas, hermetismo e poesia*, onde também ministrou, como professor convidado, um curso de pós-graduação sobre surrealismo e outro de extensão cultural sobre a Geração Beat. Coordena oficinas literárias; ministra cursos e palestras sobre poesia e criação literária. Prepara um livro sobre surrealismo e uma coletânea de ensaios sobre misticismo e poesia. Mais informações em http://claudiowiller.wordpress.com/.

Impressão e acabamento
Imprensa da Fé